사랑플러스 생각
사랑을 더하면 온전해집니다.
이 모든 것 위에 사랑을 더하라 이는 온전하게 매는 띠니라 (골 3:14)

여자,
 그녀의
하나님

여자, 그녀의 하나님
A Woman and Her God

초판 1쇄 인쇄 _ 2005년 11월 25일
초판 1쇄 발행 _ 2005년 12월 1일
지은이 _ 베스 모어 외
옮긴이 _ 홍승희
펴낸이 _ 김명호　　　　　　　　　펴낸곳 _ 도서출판 사랑플러스
기획책임 _ 김건주　　　　　　　　편집책임 _ 김순덕
교정·교열 _ 선한이웃　　　　　　표지디자인 _ 정선형
마케팅책임 _ 김석주

등록번호 _ 제22-2110호(2002년 2월 15일)
주소 _ (137-865) 서울 서초구 서초1동 1443-26
e-mail _ sarangplus@sarang.org
영업부 _ 3489-4300　　　　　　　팩스 _ 3489-4309
값 6,500원
ISBN 89-90285-23-2   03230
● 독자의 의견을 기다립니다

여자, 그녀의 하나님

베스 모어 외 지음 | 홍승희 옮김

사랑플러스

Originally published in the USA
By INTEGRITY PUBLISHERS, INC.
under the title
A WOMAN AND HER GOD

Copyright ⓒ 2003
Brentwood, Tennessee
All rights reserved.

Translated and used by permission of Integrity Publishers, Inc.
Through the arrangement of KCBS Literary Agency., Seoul, Korea.

Korean copyright ⓒ 2005 by SarangPlus, a Division of DMI Press,
1443-26, Seocho1-dong, Seocho-gu, Seoul 137-865, Korea

이 책의 한국어판 저작권은 KCBS Literary Agency를 통해 저작권자와의 계약으로 도서출판 사랑플러스에 있습니다.
신저작권법에 의해 한국 내에서 보호를 받는 저작물이므로 무단전재와 복제를 금합니다.

독창적인 능력으로
편집과정에 헌신해 준 팀 클린턴과
도리스 리커스에게 감사하며

들어가면서

마리아는 무덤 밖에 서서 울고 있었다. 뒤로 돌아섰을 때에 마리아는 예수께서 서 계신 것을 보았지만, 그분이 예수이신 줄은 알지 못했다. 예수께서 "마리아야!" 하고 부르셨다. 마리아가 돌아서서 히브리말로 "라부니!" 하고 불렀다(그것은 '선생님!'이라는 뜻이다).
예수께서 마리아에게 말씀하셨다. "내게 손을 대지 말아라. 내가 아직 아버지께로 올라가지 않았다. 이제 내 형제들에게로 가서 내 아버지 곧 너희의 아버지, 내 하나님 곧 너희의 하나님께로, 내가 올라간다고 말하여라"(요 20:11, 14, 16, 17-표준새번역).

얼마나 놀라우신 하나님이신가! 예수님은 단 한 마디로 마리아를 완전히 변화시키셨다. 그분은 조용하고 부드러운 음성으로 마리아의 이름을 부르셨다. 실망과 분노 그리고 슬픔으로 인해 절망에 빠져 있었던 마리아는 다시 회복되어 기쁨이 넘친다. 그녀의 친구이자, 선생이셨던 주님이 살아 계신 것이다! 바로 그 한 마디로 마리아의 세상은 변화되었고, 자신의 삶을 새롭게 바라볼 수 있는 눈을 갖게 되었다. 그리고 그 말씀으로 마리아는 예수님이 얼마나 자신을 보살펴 주시고 사랑해 주시는지를 알았다.

예수님은 마리아에게 하셨던 것처럼 당신을 알고 계시고 보살피신다. 그분은 당신의 이름을 알고 계시며 당신은 하나님의 것(사 43:1)이다. 당신이 누구이든, 마음에 어떤 짐을 지고 있든, 어떻게 생겼든, 혹은 어떻게 생각되든, 무엇을 하든, 혹은 하지 않든, 하나님께서는 지금 그대로의 당신 모습을 사랑하신다.

지금 당신의 모습은 그대로 하나님이 보시기에 특별한 여인이다. 하나님은 당신을 사랑하실 뿐만 아니라, 소중히 여기신다. 그분은 이 세상의 누구보다도 당신과 친밀한 사랑의 관계를 맺으시기를 바라신다. 당신은 마음을 열고 하나님과의 교제 시간을 만들어 그분의 친절한 팔에 안기기만 하면 된다.

이 책을 통해 놀랍고 위대하신 사랑의 하나님과 더욱 가까워지고, 친밀한 사랑의 관계가 되길 기원한다.

목차

들어가면서 • 6

1 여자, 그녀의 하나님 • *10*
베스 모어 Beth Moore

2 예수님처럼 섬기기 • *30*
질 브리스코 Jill Briscoe

3 자아상 바꾸기 • *52*
샌드라 윌슨 Sandra D. Wilson

4 경건한 여자로 살기 • *74*
캐슬린 하트 Kathleen Hart

5 예수님처럼 돌보기 • *100*
데이빗 해거 David Hager

6 하나 되어 살아가기 • *120*
델마 웰즈 Thelma Wells

7 하나님은 우리의 신뢰를 받으실 만한가? • *146*
베블리 라헤이 & 로리 라헤이 쉐크
Beverly LaHaye and Lori LaHaye Scheck

1 여자, 그녀의 하나님

| 베스 모어 | *Beth Moore*

여호와께서 네게 구하시는 것이 오직 공의를 행하며
인자를 사랑하며 겸손히 네 하나님과 함께 행하는 것이 아니냐
―미가 6장 8절

나는 어떻게 사는 것이 잘 사는 것인지를 깨달았다. 그것이 사실인지 나를 한번 테스트해 보라. 이 장에서는 두 본문의 말씀을 살펴보고 비교하려고 한다. 인생을 잘 살 수 있는 비밀을 다음 두 구절을 통해 알아보자.

신명기 7장 7, 8절은, "여호와께서 너희를 기뻐하시고 너희를 택하심은 너희가 다른 민족보다 수효가 많은 연고가 아니라 너희는 모든 민족 중에 가장 적으니라 여호와께서 다만 너희를 사랑하심으로 인하여"라고 말한다. 우리의 하나님은 어제도, 오늘도, 내일도 영원히 동일하신 분이다. 하나님은 구약에서 당신의 민족을 사랑하셨던 것과 동일하게 신약에서도 그리스도 안에서 믿는 자들을 사랑하신다고 말씀하신다.

또한 우리는 하나님께서 예수 그리스도 안에서 우리를 선택하셨다는 것을 알고 있다. 우리는 이러한 것들을 개인적으로 고백할 수 있어야 한다. 성소가 사람들로 가득하거나, 보좌가 수천 수만 명의 신자들로 둘러싸였다고 해서 하나님의 사랑이 집단적이라고 생각하면 안 된다.

하나님께서 당신 한 사람에 대해 어떻게 생각하시는지를 살펴보자. 성경에서 말씀하시는 하나님은 거룩하시고, 의로우시며, 완벽하시고, 영광의 광채로 가득하신 분이시다. 그분이 바로 당신을 기뻐하시고 사랑하시는 하나님이시다.

신명기 말씀처럼 하나님이 기뻐하셨던 것은 우리가 다른 민족보다 수가 많아서가 아니고, 능력이 더 있어서도 아니며, 그분께 드릴 것이 있어서가 아니라, 하나님께서 무조건 우리를 사랑하셨기 때문임을 명심해야 한다.

골로새서 3장 1~4절은 "그러므로 너희가 그리스도와 함께 다시 살리심을 받았으면 위엣 것을 찾으라 거기는 그리스도께서 하나님 우편에 앉아 계시느니라 위엣 것을 생각하고 땅엣 것을 생각지 말라 이는 너희가 죽었고 너희 생명이 그리스도와 함께 하나님 안에 감취었음이니라 우리 생명이신 그리스도께서 나타나실 그때에 너희도 그와 함께 영광 중에 나타나리라."라고 말씀하신다.

신명기와 골로새서의 말씀처럼 하나님은 우리를 창조하셨고 또한 사랑하셔서 우리를 택하셨다. 그래서 하나님은 우리가 하나님을 마찬가지로 사랑하기를 바라신다.

그러므로 하나님과 인간 사이에 서로 사랑하는 관계가 세워질 때 인생을 가장 잘 살게 된다. 그렇다고 평탄한 삶을 산다거나 고통 없는 삶을 사는 것은 아니다. 그러나 우리가 무슨 일을 하든지 오직 하나님의 영광을 위해서 한다면 어떠한 고난도 그분의 사랑으로 감당해 낼 수 있다. 당신은 바로 그때 이렇게 말할 수 있을 것이다. "나는 하나님께서 지금 내 삶에 어떻게 역사하고 계신지는 모르지만, 하나님께서 나를 사랑하신다는 것을 알고 있다." 하나님과의 관계는 우리의 모든 삶에 영향을 끼친다.

하나님의 사랑이 우리의 생명보다 소중하다는 것이 사실이라면, 하나님의 마음에 합한 사람이었던 다윗 왕이 하나님을 어떻게 바라보았는가를 살펴볼 필요가 있다. 만약 당신이 하나님의 마음을 가장 잘 표현한 말씀을 찾기 원한다면 시편 63편에 표현된 다윗의 노래보다 더 뛰어난 것은 없다. 이 시편은 하나님과의 긴밀한 관계의 본질을 보여 주고 있는데, 그 관계는 하나님께서 창세기 1장의 시작부터 요한계시록 19장의 어린 양의 혼인잔치로 끝을 맺는다.

> 하나님이여 주는 나의 하나님이시라
> 내가 간절히 주를 찾되
> 물이 없어 마르고 곤핍한 땅에서
> 내 영혼이 주를 갈망하며
> 내 육체가 주를 앙모하나이다
> 내가 주의 권능과 영광을 보려 하여
> 이와 같이 성소에서 주를 바라보았나이다
> 주의 인자가 생명보다 나으므로
> 내 입술이 주를 찬양할 것이라
> 이러므로 내 평생에 주를 송축하며
> 주의 이름으로 인하여 내 손을 들리이다

골수와 기름진 것을 먹음과 같이

내 영혼이 만족할 것이라

내 입이 기쁜 입술로 주를 찬송하되

내가 나의 침상에서 주를 기억하며

밤중에 주를 묵상할 때에 하오리니

주는 나의 도움이 되셨음이라

내가 주의 날개 그늘에서 즐거이 부르리이다

나의 영혼이 주를 가까이 따르니

주의 오른손이 나를 붙드시거니와

나의 영혼을 찾아 멸하려 하는 저희는

땅 깊은 곳에 들어가며

칼의 세력에 붙인 바 되어

시랑의 밥이 되리이다

왕은 하나님을 즐거워하리니

주로 맹세한 자마다 자랑할 것이나

거짓말하는 자의 입은 막히리로다(시편 63)

나는 당신이 이 말씀을 읽을 때 눈으로만 보는 것이 아니라 마음으로도 볼 수 있기를 기도한다. 이 시편은 우리 각자가 하나님과 만나도록 연결되어 있다는 신성한 사랑의 고백이며, 우리의 존재

목적에 대해 설명하고 있다. 처음 몇 절을 조금 더 묵상해 보자. "하나님이여 주는 나의 하나님이시라." 당신은 이렇게 고백할 수 있는가? 피난처 되시고 힘 되시는 하나님과 만나고 있는가? "세상을 창조하신 온 우주의 하나님이여, 나는 당신의 것입니다."

이 시편은 바로 우리가 하나님과 함께 즐거움을 누리도록 태어났다는 관계의 친밀함에 대한 찬송이다. 마음속에서 솟아나오는 기도와 사랑을 노래한 찬송이다.

많은 사람들은 고난에 의해 움직여진다. 우리는 역경이 시작되고 피곤하여 지칠 때 하나님께 기도와 헌신의 시간을 드리게 된다. 그러나 마음과 영혼이 날마다 하나님과 함께하는 것을 갈망해야 한다. 그 기다림과 목마름은 성령님이 주시는 선물이며 그것을 생명보다 더 원해야 한다.

이 시편은 "하나님, 주님을 향한 주리고 목마른 마음을 주소서. 주님을 알 수 있고, 주님과 함께 있을 수 있으며, 주님 안에 항상 거할 수 있도록 역경이 있을 때 뿐만 아니라 늘 갈망하고 사모하는 마음을 주소서."라는 마음의 고백이다.

시편 63편 3절에서는 "주의 인자가 생명보다 나으므로"라고 말씀한다. 당신은 지금 주의 인자가 생명보다 낫다고 확신하며 말할 수 있는가? 당신이 하나님을 떠나서는 정말 삶에 아무런 의미가 없다는 것을 어떤 환경들로 인해 깨달았는지 궁금하다. 세상에는 우리에게 영향을 주는 것들이 많이 있지만 하나님처럼 가슴 깊이 감동시키시는 분은 없다.

또한 시편 63편은 하나님의 초월성을 보여 주는데, 그것은 하나님과 비교할 만한 것은 아무것도 없다는 사실이다. 세상에서 가장 훌륭한 것들도, 하나님과 비교하게 되면 멀리 그 자취를 감춰 버린다. 하나님은 우리와 확실한 관계를 맺기 원하시며 이렇게 고백하기를 바라신다.

"하나님은 제 삶의 모든 것들, 사랑, 경험, 목표 위에 계십니다. 주님은 나의 생명이 되시며 내 삶에 있어서 가장 중요한 어떤 것이 아니라 바로 나의 생명입니다. 그리고 하나님의 사랑이 나의 목숨보다 소중합니다. 오늘 진실로 나의 삶을 내려놓습니다. 주님을 직접 보고 싶습니다. 왜냐하면 주님의 사랑이 생명보다 더 소중하기 때문입니다."

만족을 추구하는 삶

시편 63편 5절을 다시 한 번 보자. "골수와 기름진 것을 먹음과 같이 내 영혼이 만족할 것이라." 영적으로 말하면, 하나님과의 교제가 우리의 영혼에 영양가 있고 맛 좋은 음식을 공급하는 것과 같다. 우리는 절대로 영적인 다이어트를 해서는 안 된다. 하나님과의 관계에 있어서 메마르면 안 된다. 하나님과의 교제는 우리 삶을 풍성하게 해 주는 요소이며 우리 영혼은 하나님 안에서 마음껏 즐기도록 창조되었다. 당신은 하나님을 마음껏 누리고 있는가? 당신의 영혼은 만족하고 있는가? 나는 영적인 잔치와 영적인 기근의 차이를 알고 있다. 그래서 당신이 하나님의 풍성하신 사랑을 맛보기를 바란다.

다윗 왕이 말하고자 하는 것이 바로 이것이다. 우리는 이러한 관계를 갈망하도록 창조되었다. 하나님께서는 우리의 영혼이 그분을 갈망하게 민드셨기에, 우리의 삶에 하나님의 임재를 체험하지 않으면 결코 만족할 수가 없다.

우리는 오랫동안 그리스도를 믿고 그분을 알고 있지만 여전히 영적으로 만족하지 못한다. 구원은 만족과 다르다. 구원은 얻는 것이지만, 만족은 찾아야 하는 것이다. 성경은 우리에게 하나님의 영으로 충만하라고 말한다. 우리 인생에 있어서 하나님으로 인해 충만한 삶을 살기를 그 무엇보다 원하지만, 만족은 그것과는 다른 차원의 문제이다.

대개 신자들은 그들의 은밀한 열망을 무시하며 오랜 시간을 살아간다. 그들은 영적으로 공허함을 느끼고 있으며, 가슴 속에서 부족한 어떤 것을 채우고 싶은 갈망이 있다는 것을 누구에게도 인정하려 하지 않는다. 종종 우리에게 필요한 부분이 이 세상에서 채워

진다고 추측하기도 하지만 그것은 잘못된 생각이다. 우리는 하나님께서 삶을 채우시고 날마다 우리 영혼에 가장 풍성한 양식을 주시도록 맡기지 않는 실수를 범한다. 거룩한 로맨스의 본질은 맡기는 것이다. 그리스도는 우리의 영혼과 사랑하기를 원하신다.

만족하지 못하는 영혼

만족하지 못하는 영혼은 결국 어떤 불행한 결과가 일어나기를 기다리는 것과 같다. "자연은 진공상태를 싫어한다."는 속담을 생각해 보자. 인간 또한 진공상태를 싫어한다. 다시 말해서, 우리는 공허함을 참지 못하고 그 빈 곳을 채울 방법들을 찾는다.

하나님은 그 빈 곳을 만드셔서 우리가 그분을 찾도록 하셨다. 우리는 단지 구원을 얻고, 그날이 와서 천국에 들어가는 것만으로는 만족하지 못한다. 그것보다도 하나님께서는 우리가 이 땅에 사는 동안 그분과 교제하기를 원하신다. 하나님과 교제를 나누지 않을 때, 우리는 불행에 빠지게 된다. 하나님에게서 만족을 찾지 않으면, 우리는 어딘가 다른 곳에서 그것을 찾으려 한다. 단지 생존을 위해서 살아가든가, 아니면 헛된 것으로 만족을 대신하며 살아가든가, 둘 중에서 하나를 선택해야 할 것이다.

생존(subsistence)이라는 말을 생각해 보자. 무력한 사람이란

'타인의 구호의 손길로 먹고 사는' 궁핍한 사람이라는 의미이다. 여기에서 그려지는 것은 거지의 모습이다. 만약 우리가 다른 사람의 도움으로 연명한다면, 우리의 마음은 바로 진공상태이다. 그리고 우리는 그렇게 창조되었기 때문에 궁핍한 사람이다. 우리는 사랑받고, 인정받고 싶어 한다. 이러한 것들이 연약함은 아니다.

우리는 그러한 필요들을 가지고 태어났으며, 우리의 영혼이 하나님으로 충만하지 않을 때, 구걸하는 사람과 같다. 하루 종일 빈 컵을 들고 다니며 사람들에게 채워 달라고 구걸하는 것과 같은 이치이다. 우리는 어쩌면 남편이나, 자녀들에게 또는 친구들에게 그런 행동을 하고 있는지도 모른다. 심지어는 직장동료나, 이웃에게, 혹은 목사님에게 "내 잔을 채워 주세요."라며 구걸하고 있을지도 모른다.

문제는 우리가 오직 그리스도께로부터 받아야 하는 것을 사람에게 구하는 것이다. 우리는 서로를 인정해 주고 상대방을 만족시킬 수도 있지만, 태초부터 지금까지 우리의 영혼이 갈급할 때 오직 하나님께서 그것을 채워 주실 수 있도록 계획하셨다. 그분의 풍성하신 사랑 안에서만 우리는 성장하게 되어 있다.

그리스도를 통하지 않고 만족감을 채우려는 또 하나의 방법은 대체하는 삶(substitute living)이다. 이사야 선지자는 하나님께 영감을 받아 이사야 44장 20절에서 우리가 우상에 빠질 때에 어떤 일이 일어나는지를 묘사했다. "타고 남은 재로 배를 채우려는 자들, 그들은 어리석은 마음에 미혹된다."에서 나타난 이 사람의 상태를 생각해 보라. 예레미야에서도 "만물보다 더 거짓된 것은 사람의 마음"이라고 말씀하신다. 우리의 마음이 온전히 그리스도께 향하지 않으면, 생각하는 것이나 마음이 말하고 있는 것들을 신뢰할 수도 없다.

세상은 우리에게 마음이 가는 대로 하라고 말한다. 그러나 그렇게 하면 덫에 빠져 들게 된다. 성경은 우리에게 "그는 재를 먹고 미혹한 마음에 미혹되어서 스스로 그 영혼을 구원하지 못하며 나의 오른손에 거짓 것이 있지 아니하냐 하지도 못하느니라."라고 경고한다.

'거짓'이란 무엇인가? 그것은 힘이나 권력 혹은 안락과 안전을 위해서 우리가 무엇인가를 꼭 붙들고 있는 것이다. 거짓은 일, 음식, 술, 약물, 권력, 돈 등 무엇이든 해당될 수 있다. 그리스도 밖에서 추구하는 것은 모두 거짓된 것이다.

우리의 욕망은 거짓이 무엇인지를 잘 보여 준다. 우리가 만족을 느끼지 못하고 하나님 밖에서 무엇인가를 갈망하는 것은 우리를 속이고 있는 어리석은 마음이다. 만약 하나님의 사랑 이외에 당신이 집착하는 것이 있다면, 오직 한 분이신 하나님께로 초점을 바꾸기를 간절히 바란다. 당신이 하나님께로 온 것이 아닌 다른 것에 집착하고 있을 때, 그것이 당신을 배반할 것임을 꼭 명심해야 한다.

영혼을 만족시키는 양식

하나님의 말씀은 우리의 영혼뿐만 아니라 뼈와 골수까지도 건강하게 하고 곧 우리의 생명이 된다. 하나님은 그분의 말씀이 살아 있고 능력이 있음을 가르쳐 주셨다. 누군가 말씀 한 구절을 나눌 때, 하나님은 내가 그것을 적극적으로 받아들이게 하신다. 나는 말씀을 단지 읽기만 하지 않는다. 하나님께 그 말씀이 내 것이 되게 해 달라고 구한다.

시편 90편 14절은, "아침에 주의 인자로 우리를 만족케 하사 우리 평생에 즐겁고 기쁘게 하소서."라고 말한다. 만족에 대해서 이렇게 말하고 있다. 우리는 단지 "하나님, 제 남은 평생이 주님으로 충만했으면 좋겠습니다. 생명보다 소중한 주님의 사랑을 알고 싶습니다. 주님, 오늘 그것을 이루어 주시옵소서."라고 결심할 수 있다. 그리고 나서 그분을 직접 만날 때까지 우리가 갈망하는 것을 이루어 주실 것이라고 기대한다. 우리에게 필요한 것들은 하루하루의 문제이다. 우리는 날마다 일어나서 새로운 날을 맞으며 누군가에게 의미 있는 존재가 되고 싶어 한다. 또한 가장 소중한 존재로 바로 오늘 사랑받고 싶어 한다.

  하나님은 가족들이 일어나기 전이나 나를 필요로 하기 전에 내가 먼저 하나님께 나아가도록 가르쳐 주셨다. 그 시간 동안 나의 속마음을 털어놓고 어제 지었던 죄들을 고백한다. 회개할 것이 없는 날은 거의 없다. 우리가 하나님께로 더 가까이 가면 갈수록 더욱 더 긴밀하게 다가오신다. 그리고 하나님은 우리의 태도와 동기에 대해서 말씀하시고, 보여 주시며, 죄(예를 들면 누군가를 섬겨야 하는 상황인데 회피했던 것 등)를 깨닫게 하신다.

  성령께 지난 하루 동안 지었던 죄를 밝혀 주시기를 기도하면 항상 무엇인가를 알려 주신다. 그 전날 하나님의 임재를 즐길 수 있는 기회를 놓쳤다든지, 그분과 충분한 시간을 보내지 않았던 것을 알려 주신다. 혹은 어제 차 안에서 하나님과 함께 그분이 창조하신 아름다운 일몰광경을 즐기는 대신 라디오를 들었던 사실을 말씀해 주신다.

  시편 62편은 우리가 하나님 앞에 마음을 내어 놓을 수 있다고 말한다. 하나님은 우리의 피난처가 되신다. 이것은 우리의 '잔'에서 거짓된 위로를 제거할 수 있는 좋은 기회이다. 예를 들어, 가까운 누군가가 일을 잘못 처리하여 내게 문제가 발생하면 우리는 그것을 하나님께 고한다. 그렇지 않으면 누군가에게 받은 상처를 그냥 감수해야 한다. 우리는 하나님께 먼저 가서 이렇게 말한다, "하나님, 드릴 말씀이 있습니다. 저 사람 때문에 기분이 무척 상했습니다. 하지만 주님의 이름으로 주님께서 원하시는 행동을 하려고 합니다. 그리고 저를 보살펴 주셔서 이 상황을 바르게 이끌어 나갈 수 있게 해 주소서." 이렇게 우리의 속마음을 털어놓으며, 하나님의 자리를 만든다. 왜냐하면 하나님은 사랑으로 우리의 마음을 채워 주기를 원하시기 때문이다.

만약 우리의 마음이 이미 걱정과 근심으로 꽉 차 있다면, 하나님께서 들어오실 공간이 얼마 없는 것이다. 그렇기 때문에 우리의 필요를 주님 앞에 고백하며 하루를 시작하는 것이 매우 중요하다. 우리가 그렇게 할 때 종의 마음으로 하루를 시작할 수 있는 진정한 준비가 된다.

우리가 순종할 때, 그것은 마치 우리가 하나님께 다음과 같이 말하는 것과 같다. "하나님은 저를 아십니다. 제 안에 있는 두려움과 불안한 마음을 아십니다. 하나님은 제가 사랑받고 싶고, 중요한 사람이 되고 싶으며, 인정받고 싶은 저의 마음을 아십니다. 그런데 하나님 아버지, 오늘 제 가족들이 그렇게 해 주지 않습니다. 그들이 그렇게 해 줄 수도 있고 그렇지 않을 수도 있습니다. 만약 가족들이 제게 그렇게 대한다면 정말 기쁠 것입니다. 하지만 주님만이 저의 유일한 만족이 되십니다. 주님의 한결같은 사랑으로 오늘 아침 저를 채워 주시기를 간절히 원합니다."

성경은 한결같은 하나님의 사랑에 대해 반복해서 말한다. 하나님의 사랑은 결코 시들지 않는 유일한 사랑이다. 다행히 그 사랑은 우리가 지난 하루 동안 어떻게 지냈느냐 혹은 하나님께 얼마나 순종했느냐에 근거하지 않는다. 이처럼 그분의 사랑은 조건이 없으며 완전히 자녀에게 치우쳐 계신다.

하나님은 우리에게 공평한 판단을 내리기 위해서 아버지의 자격을 버리실 수는 없다. 그래서 우리는 하나님께 이렇게 구한다. "주님, 상에서 떨어지는 부스러기가 아니라, 내 영혼을 위해 준비하신 축제로 저를 채워 주소서." 하나님은 우리가 거지가 되기를 원하시지 않는다. 우리가 거리에서 남이 먹다 남은 것을 구걸하는 모습도 원치 않으신다. 지금 기복신앙(prosperity gospel)을 말하는 것이 아니다. 내가 만약 기복신앙을 갖고 있다면, 이렇게 말할 것이다. "주님, 이것을 주시옵소서." 그러나 어떤 물건을 원하는 것이 아니다. 우리가 원하는 것은 하늘에 계신 우리 아버지이시다.

그러므로 우리는 하나님께 이렇게 기도한다. "주님, 주님만을 원합니다. 주님만이 제가 바라는 분이시며 저의 지극히 큰 상급이십니다. 주님께서 제 삶을 온전히 채워 주시기를 원합니다. 주님께서 제게 무엇인가를 주실 것을 기대하는 것이 아니라, 오직 주님을 원합니다." 이렇게 하나님께 나아가 우리 삶 속에 있는 우상들을 제거해 주시도록 기도한다면, 하나님은 그 잔을 채우실 뿐만 아니라 넘치게 하신다.

하나님께 우리의 필요를 채워 달라고 간구하며 하루를 시작할 때 체험할 수 있는 놀라운 한 가지는, 그 하루 동안 남편과 친구들로부터 넘치는 사랑을 받게 된다는 것이다.

하지만 우리 영혼의 필요를 채워 주는 것은 그들의 몫이 아니다. 즉 그들과 우리 모두는 이 놀라운 충만함의 근원으로 인한 기쁨을 함께 즐기게 되는 것이다.

얼마 전, 기도하는 가운데 하나님께서는 남편에게 전화하라는 마음을 주셨다. 하나님은 남편이 운전을 하면서 출근하기 때문에 내가 핸드폰으로 전화하는 것을 원하지 않으셨다. 대신, 남편이 회사에 도착했을 즈음 메시지 하나를 남겼다. 하나님께서 주신 메시지는 내가 남편을 이 세상 누구보다도 사랑하고, 그가 내게 너무도 소중한 사람이며, 남편으로서 매우 훌륭하다는 내용이었다. 그래서 전화기로 다가가 남편의 핸드폰에 전화를 걸었다. 그리고 다음과 같이 말했다. "여보, 오늘이 어떤 하루가 될지 모르지만 당신이 이 힘든 하루를 시작하기 전에, 또 누군가가 당신에게 불만을 늘어놓기 전에 이 말을 전하고 싶었어요. 내가 당신을 진심으로 사랑하며 당신은 내게 너무 멋진 남편이라는 것이에요. 당신은 능력이 있고 훌륭한 사람이에요."

우리 집에서는 웃음을 중요하게 생각하기 때문에 이 말도 덧붙

였다. "당신은 지금까지 내가 알고 있는 사람 중에서 가장 재미있는 사람이에요." 하나님께서는 내가 남편에게 칭찬을 아끼지 않게 하셨고 그리고 나서 전화를 끊었다.

그리고 다시 묵상을 하려고 할 때, 왜 하나님께서 묵상하는 중간에 전화를 하게 하셨는지 궁금했다. 곧 하나님은 내게 말씀하셨다. "그것이 바로 내가 나의 자녀들에게 해 주고 싶은 일이라는 것을 알겠느냐?" 당신도 알다시피 인생은 고통이다. 우리는 하루 동안에 인정을 받기도 하지만, 직장에서는 사람들에게 유익함을 거의 얻지 못하기도 한다. 그리고 가정생활이 그다지 건강하거나 힘이 되지 않을 수도 있다. 그러나 하나님께서 우리에게 날마다 "아들아, 너는 참으로 내게 소중하단다. 너는 나의 전부란다."라고 말씀하신다. 예수님은 "자녀를 향한 나의 사랑은 내 생명보다 귀하다."라고 말씀하신다.

하나님께서 무엇을 말씀하시는지 알겠는가? 당신을 사랑하는 것이 그리스도의 생명을 살리시는 것보다 더 중요했던 것이다. 그리고 하나님은 하루 동안 누군가가 당신을 괴롭히기 전에, 그 다음 날 사람들과 만나고 활동하면서 상처받고 찢겨지기 전에 먼저 당신에게 말씀하고 싶어 하신다.

하나님은 한결같은 사랑으로 당신의 영혼을 채우기를 원하시며, 이렇게 말씀하신다. "아들아, 너는 나의 전부이다. 오늘 나의 사랑과 성령으로 충만하여라. 너는 내게 너무나 소중하단다." 전능하신 하나님은 세상을 창조하시고 당신의 생명을 하나님의 아들의 생명보다 더 소중하게 생각하신다. 그래서 하나님은 당신이 주의 인자가 생명보다 나음을 알 수 있도록 당신을 위해 그분의 생명을 주신 것이다. 이것이 얼마나 깊은 의미인지 알기를 바란다.

시편 기자가 "하나님이시여, 주는 나의 하나님이시라. 내가 간절히 주를 찾습니다."라고 말하는 것은 당연하다. 힘들기 때문에 찾는 것이 아니라 그 어느 것 보다도 '하나님과 만나기를' 갈망하기 때문이다. "주의 인자가 생명보다 나으므로 내 입술이 주를 찬양할 것이라 … 골수와 기름진 것을 먹음과 같이 내 영혼이 만족할 것이라."

기도

아버지, 주님을 찬양합니다. 나를 구걸하는 삶이 아니라, 자녀로 부르셔서 얼마나 감사한지요. 아버지께서는 나를 사랑하십니다. 내가 다른 것에서 만족할 무엇인가를 찾을 필요가 없고, 나를 채워줄 대체물을 찾을 필요도 없습니다. 하나님께로부터 온 것이 아니라면 우리의 인생에서 갈망하는 많은 것들을 내려놓게 해 주옵소서. 필사적으로 인정받고 동의를 받고 싶어 하는 것들로부터 자유하게 옵소서. 우리가 쥐고 있는 것들을 펴서 대신 주님 앞에 내려놓게 하소서. 하나님의 사랑이 생명보다 소중하기 때문입니다. 사랑의 예수님 이름으로 기도합니다. 아멘.

 |영|감|을|주|는|구|절|

"우리가 마음에 뿌림을 받아 양심의 악을 깨닫고 몸을 맑은 물로 씻었으니 참 마음과 온전한 믿음으로 하나님께 나아가자 또 약속하신 이는 미쁘시니 우리가 믿는 도리의 소망을 움직이지 말고 굳게 잡으라"(히 10:22~23).

"하나님이 우리를 사랑하시는 사랑을 우리가 알고 믿었노니"(요일 4:16).

"주는 나의 하나님이시니 나를 가르쳐 주의 뜻을 행케 하소서 주의 신이 선하시니 나를 공평한 땅에 인도하소서"(시 143:10).

"오직 주에게 피하는 자는 다 기뻐하며 주의 보호로 인하여 영영히 기뻐 외치며 주의 이름을 사랑하는 자들은 주를 즐거워하리이다 여호와여 주는 의인에게 복을 주시고 방패로 함같이 은혜로 저를 호위하시리이다"(시 5:11, 12).

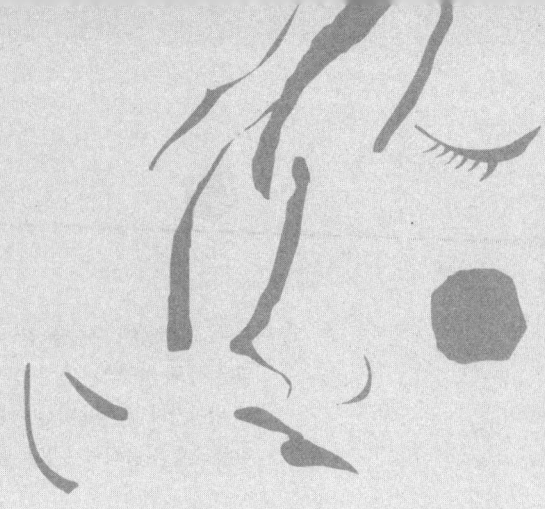

2 예수님처럼 섬기기

| 질 브리스코 | *Jill Briscoe*

주는 가장 자비하시고 긍휼히 여기시는 자라
– 야고보서 5장 11절

오늘날 여자의 역할은 무엇인가? 이 문제는 오랫동안 교회에서 광범위하게 거론되어 온 이슈다. 여자가 할 수 있는 것은 무엇인가, 할 수 없는 것은 무엇인가, 무엇을 해야 하는가, 무엇을 해도 되는가, 그리고 무엇을 할 것인가? 우리 여자의 자리는 어디인가? 이 해답을 성경에서 찾아보자.

여자들을 향한 예수님의 마음

성경은 예수님이 여자들을 사랑하셨다고 확실하게 말하고 있다. 예수님의 십자가에 처음 나타났던 사람들, 그리고 그 십자가를 마지막으로 떠났던 사람들은 바로 여자들이었다. 예수님 자신의 부활을 남자들에게 말하도록 보내신 최초의 사람들도 여자들이었다. 그리고 성경의 처음부터 끝까지 여자들은 예수님에 대한 진실을 말해 주는 확실한 증인들이었다.

예수님은 흥미롭게도 여자들에 관한 유대교의 많은 율법들을 무시하셨다. 또한 여자들이 예수님의 사역에 환영받으면서 참여할 수 있도록 개방적인 태도를 취하셨다. 3년 동안 예수님을 따르고 함께 살았던 사도 요한이 예수님의 삶에 대해 기록한 요한복음에는 놀랍게도 상당히 많은 부분이 여자들에 대한 이야기로 채워져 있다. 또한 누가복음에도 여자와 관련된 수많은 이야기들이 기록

되었는데, 여기서는 요한복음에 있는 우물가의 여인에 대해 생각해 보자.

예수님이 살던 시대의 여자들은 존중받지 못했다. 여자들은 당시 소유물로 취급되어 노예나 어린이와 같은 대우를 받았다. 그것이 그 시대의 생각이었다. 랍비들은 특히 여자들을 무시했고 월경을 한다는 것 때문에 불결하게 여겼다. 그래서 신성을 모독할 수 있다고 해서 여자들이 성전에서 예배드리는 것조차도 금지했다. 예수님이 그 당시 사마리아 여인을 예배에 초대하셨던 것은 놀랄 만한 사건이었다. 예수님은 그분의 가르침, 태도 그리고 기적을 통하여 스스로 모범이 되셨고 당시 유대교의 모든 가르침을 뛰어넘으셨다.

또한 여자들이 자신을 만질 수 있게 하셨다. 원래 이런 행위는 허락조차 되지 않았다. 여자는 절대로 랍비와 접촉할 수가 없었다. 예수님의 옷자락을 만졌던 그 여인을 기억하는가?(눅 8:41~48) 예수님은 바로 돌아보시며, "내게 손을 댄 자가 누구냐?"고 물으셨다. 예수님은 다른 랍비들이 그랬던 것처럼 그 여인을 나무라지 않으셨다. 대신 그녀를 반갑게 맞이하셨고 그녀를 믿음의 본으로 높이셨다. 또 예수님은 여자들과 자주 만나셨는데, 랍비들은 이런 예수님을 달갑게 여기지 않았다.

죽은 아들을 묻기 위해 관을 메고 나왔던 나인 성에 사는 한 과부를 기억하는가?(눅 7:11~17) 예수님은 그 장례행렬을 보시고 그녀의 죽은 아들이 누워 있던 관에 손을 대셨다. 이것은 그 자리에 있던 유대인들에게 정말 놀라운 일이었다. 물론 예수님은 죽은 자에게 손을 대심으로 자신을 더럽히셨지만 그분의 손길로 그 젊은이는 부활했다. 예수님이 이 과부를 처음 보셨을 때 그녀는 울고 있었다. 그 젊은이는 이 여인의 유일한 독자였고 곤경에 빠져 있었다. 예수님은 그녀에게 "울지 말라."고 말씀하셨다. 이것은 예수님의 마음이 어떠했는지를 보여 준다. 예수님은 여인들을 돌보아 주셨다. 그분은 이 과부를 보살피셨고, 그녀의 죽은 아들을 돌보셨다. 예수님은 죽은 자들에게 손을 대셨고, 그들은 살아났다. 예수님은 생명이며 부활이셨다.

예수님은 여자들과 말씀도 하셨다. 한번은 한 여인을 "아브라함의 딸"(눅 13:16)이라고 말씀하셨다. 옆에 서 있던 바리새인들은 이렇게 말했을 것이다. "아브라함의 아들이 아니라, 딸이라고? 도대체 무슨 말인가? 새로운 가르침이군."

예수님의 이러한 일화를 통해서 그분이 여자들을 간섭하셨고, 말씀하셨으며, 가르치셨다는 것을 알 수 있다. 마리아와 마르다를 기억하는가?(눅 10:38~42) 마르다는 준비할 일이 많아 마음이 분주해지기 시작했다. 우리 여자들은 그렇게 되기가 쉽다. 우리는 '사역의 하나님보다 하나님의 사역'에 마음을 더 빼앗긴다! 그리고 마르다는 바빴다. 마르다는 분주한 생각으로 가득 차 주님께 집중하는 것을 완전히 잊어버렸다.

그 당시 랍비들은 여자를 가르치는 것에 시간을 들이지 않았으며 "장난감은 여자보다 개에게 주는 것이 낫다."고 말했다. 그러나 이 예화에서 마르다가 중요한 것이 무엇인지 인식하지 못한 것을 예수님은 꾸짖으셨다. 마리아에 대해서 예수님이 이렇게 말씀하셨다. "마리아는 나의 발아래 앉아 내 말을 듣고 있다. 그것은 매우 중요하다." 그러므로 이 장면은 선생이신 예수님이 여자를 가르치는 한 예이다. 이것은 완전히 혁명적인 일이었다. 예수님은 당시 여자들을 보는 사고방식을 완전히 무시하셨는데, 그것은 마치 이렇게 말씀하시는 것과 같다. "이것이 바로 내가 여자들에 대해서 생각하는 것이다. 나는 그들을 사랑한다. 여자들은 천국에서 제외되지 않을 것이다."

여자들에 관한 비유

신약에는 여자들이 예로 포함된 많은 비유들이 있다. 예수님의 말씀을 듣고 있던 사람들에게는 정말로 놀라운 일이었다. 예수님이 가르친 모든 설교 중에 삼분의 일은 비유의 형태로 표현되었으며, 그 가르침에 여자들을 포함시킨 최초의 사람은 예수님이셨다. 예수님은 여자들에 대해 가졌던 느낌, 생각 그리고 태도를 그녀들이 알기를 원하셨다.

어느 고집센 과부와 무정한 재판관에 대한 비유(눅 18:1~8)에서 재판관은 부정적인 인물인 반면, 과부는 긍정적인 인물로 묘사된다. 이 비유는 기도에 관한 것인데, 다른 많은 비유처럼 쌍을 이루는 비유가 있다. 다른 한 가지 비유는 성전에서 기도하고 있는 한 죄인에 관한 것이다. 예수님이 말하고자 하는 요점은 항상 기도하고 자기를 낮추며 회개하라는 것이다. 이처럼 비유하실 때에 그 요점을 전달하기 위해서 남자와 여자, 두 인물을 사용하셨다.

잃어버린 아들, 잃어버린 동전 그리고 잃어버린 양, 이렇게 세 편의 '잃어버린' 비유 중 잃어버린 동전에 대한 비유(눅 15:8~10)가 있다. 놀랍게도 한 여인을 예수님 자신으로 비유하신다! 그것은 마치 하나님께서 잃어버린 영혼을 찾으시는 것처럼 그 여인은 잃어버린 동전 하나를 찾고 있었다. 이 이야기를 듣고 있던 유대인들은 상당히 놀랐지만, 예수님은 자신의 주장을 관철시키셨다.

마태복음 13장에서 또 다른 예로 밀가루에 넣은 누룩의 비유를 찾아볼 수 있다. 밀가루를 반죽하고 있는 여자는 예수님을 뜻한다. 예수님의 말씀을 듣고 있는 사람들 속에서 여자들은 그러한 이야기를 들으며 전율을 느꼈을 것이다. 당신 자신과 전혀 관련 없는 설교를 들으면서 평생 동안 교회에 다닐 수 있겠는가? 그러다 갑자기 한 훌륭한 스승이 나타나셔서 자신의 말씀에 여자들을 등장시켰다.

사마리아 여인

요한복음 4장에 나오는 이야기를 보면, 예수님은 우물가에 있던 한 사마리아 여인을 만난다. 어려운 상황에 처해 있었던 그녀는 예수님 안에서 믿음을 갖게 되었고 주님은 그녀를 증인으로 사용하셨다. 결국 그녀는 사마리아 동네 사람들을 예수 그리스도께 나아오게 했다.

당신이 이 이야기를 조금 다른 관점에서 보기를 바란다. 예수님은 몹시 피곤하셨다. 날씨도 덥고 먼 거리를 걸어오면서 먼지에 뒤덮이셨다. 그러나 만약 예수님이 다른 유대인들이 그랬듯이 사마리아를 통과하지 않고 지나가셨다면 그렇게 오래 걸리지는 않았을 것이다. 그것은 예수님의 결정이었지, 분명 무리의 요구는 아니었다. 그들은 점심 식사 전에 수가라는 마을에 있는 우물가에 도착했다.

"좋습니다." 베드로가 투덜거렸다. "그럼 우리는 먹을 것을 사러 사마리아에 다녀오겠습니다." 제자들은 자신의 조상들이 파 놓았던 오래된 우물가에 앉아 계신 예수님을 두고 불쾌한 얼굴로 먼지

투성이 언덕에서 내려왔다. 그런데 예수님은 오랫동안 걸으셔서 목이 마르셨다. 강과 호수를 만드셨던 예수님이 필요한 것을 다 채우실 수 있으신 분이시지만, 물통 하나 없는 어느 우물가에 앉아 계신 상황에서는 조금은 절망적이셨을지도 모른다. 예수님은 돌을 떡으로, 모래를 물로 변하게 하시는 능력이 있으셨지만 하나님께서 그것을 허락지 않으셨다. 하나님은 그분의 사랑하는 아들이 하나님 나라의 유익을 위해 궁핍한 시간을 견디기를 바라셨다. 예수님은 얼굴에 윙윙거리며 날고 있는 파리들을 쫓으시며 그 마을을 바라보셨다.

그때 예수님 쪽으로 한 여인이 물통을 머리에 이고 외롭게 언덕을 올라오는 모습을 보셨다. 그리고 문득 사마리아를 통과해서 이동하기로 결심한 이유를 확실히 깨닫게 되셨다. "아버지, 그녀가 오고 있습니다." 예수님은 분명 소리치셨을 것이다. "그녀가 집으로 돌아오고 있습니다!"

그 사마리아 여인은 실제로 이렇게 말했다. "당신은 유대인이십니다. 그런데 나 같은 사마리아 여자에게 물을 달라고 하십니까?" 그 당시, 유대인은 이방인이 마셨던 그릇에 입술도 대지 않았다. 이방인뿐만 아니라 사마리아인도 마찬가지였다. 그리고 사마리아인뿐 아니라 여자에게도 그렇게 대접했다. 그러나 예수님은 이렇게 말씀하셨다. "내게 마실 물을 좀 달라." 그녀는 분명히 깜짝 놀랐을 것이다. 예수님은 그 여인에게 물에 대해 말씀하신다. 그분은 또 말씀하신다. "만약 너에게 물을 달라는 사람이 누구인지 알았더라면 도리어 네가 나에게 청했을 것이며 나는 너에게 생수를 주었을 것이다." 사마리아 여인을 바라보시고 예수님은 말씀하셨다. "여인아, 너는 목이 마를 것이다. 너는 잘못된 우물에서 물을 마셔 왔다. 네게 물을 달라는 사람이 누구인지를 알았더라면, 너는 나에게 청했을 것이고, 나는 너에게 생수를 주었을 것이다. 자분정(artesian well)같이 물이 샘솟아서 영원히 목마르지 아니할 것이다." 이 여인은 우물가에서 단순히 한 사람을 만난 것이 아니라, 그녀가 절실히 필요로 했던 것을 채워 준 한 사람을 만났다.

우리 모두는 여자들이 목말라 한다는 것을 알고 있다. 그들은 깨어진 우물에서 물을 마시고 있다. 구약에서 말씀하듯이, 그들은 금이 가고 깨졌기 때문에 물이 새는 웅덩이를 샘으로 삼고 있다(렘 2:13).

우리는 관계를 통해서 삶의 의미를 찾으려는 사람들을 알고 있다. 그 사마리아 여인은 남편이 다섯이나 있었고, 지금 살고 있는 남편과는 결혼한 사이가 아니다. 어떤 사람들은 종교라는 우물에서 물을 마시려고 선택할 수 있다. 그들은 가뭄, 추위, 어려운 원칙과 선한 일에 집착하면서 목마름을 채우기 위해서 노력한다. 또 다른 사람들은 건강이라는 우물, 성공이라는 우물, 혹은 가족이라는 우물에서 물을 마신다. 당신은 모든 종류의 우물을 샘으로 삼을 수 있다. 그러나 샘의 원천이 생명수이신 예수님이 아니면 결코 만족할 수 없다.

나는 영국의 부유한 가정에서 자랐다. 가족들은 인생의 후반기가 될 때까지도 그리스도를 알지 못했다. 그리스도 안에서 하나님을 알지 못하고 소망도 없이 자라났다. 하지만 그들은 좋은 가족이다. 나는 그리스도를 영접했고 선교지에 들어갔으며, 남편과 나는 10년 동안 영국과 유럽에서 섬겼던 청년센터 안에 있는 작은 집에서 살았다. 내 어머니는 두 채의 아름다운 집을 꾸미셨는데, 하나는 리버풀에 있었고, 또 하나는 호수가 있는 지방에 있었다. 부모님은 리버풀에서 교외에 있는 집으로 여행하시면서 우리의 작은 집에 들르셨다. 한번은 어머니께서 교외에 있는 집으로 돌아갈 준비를 하면서 주저하셨다. 어머니는 떠나기 싫으셨다.

"질, 하나님께서 이곳에 살아 계신다. 그렇지?"라고 말씀하셨다.

나는 숨을 깊이 쉬고 이렇게 말씀드렸다. "네, 엄마. 하나님은 정말 살아 계셔요. 그리고 예수님이 안 계신 성에서 살기보다는 그분이 계신 내 작은 집에서 살 거예요."

오직 그리스도만이 진정한 만족을 주실 수 있다. 그 어떤 우물도 예수님이 우리에게 주신 생수를 대신할 수는 없다.

비전, 열정, 사명

예수님도 비전과 열정 그리고 사명이 있었다. 우리가 깊이 생각해 보아야 할 세 단어가 바로 이것인데, 그 이유는 여자들도 비전과 열정 그리고 사명을 가지고 사역할 수 있기 때문이다. 다시 예수님과 사마리아 여인을 생각해 보자. 하나님은 이 여인처럼 가장 보잘것없는 자, 잃어버린 자, 나중된 자를 취하시고 사용하시는 것을 기뻐하셨다. 그 사마리아 여인은 예수님의 마음을, 그분의 목적과 사명을 얼마나 빨리 이해했는가! 나는 우물가의 그 여인이 모든 여자를 나타낸다고 생각한다. 용서받은 죄인인 여자와 용서받지 못한 죄인인 여자, 당신은 어떤 쪽에 속하는가? 그 사마리아 여인은 이 세상의 많은 여인들처럼 용서받지 못했다. 그러나 그녀는 예수님을 만났다.

나는 어려움에 처한 사람들을 돕는 단체인 월드 릴리프(World Relief)를 섬기는 일을 하고 있다. 전세계적으로 연설해 달라는 초청도 받고, 일 년에 한 번은 세계를 돌아다니며 많은 여자들을 만난다. 그리고 예수님이 잃어버린 자를 찾아 구원하시러 오셨다는 복음을 듣는 여자들의 반응에 늘 압도된다. 남자와 여자는 똑같이 잃어버린 자들이고, 똑같이 구원받을 수 있다. 그들은 예수님과 타인을 섬기는 하나님 나라의 사역에 쓰임받기 위해 구원받은 잃어버린 자들이다.

이와 같이 사마리아 여인은 우물가에서 그녀의 필요를 알고 있는 예수님을 통해서 은혜를 받았다. 비록 예수님은 그녀를 만났을 때 목이 마르고 배가 고프고 피곤하셨지만, 그분의 중심에는 잃어버린 한 영혼을 향한 열정과 비전이 있었다.

그런데 제자들은 그때에 어디 있었는가? 나는 그들이 교회 다니는 사람들을 나타낸다고 생각한다. 그들은 예수님을 따르기 위해 모든 것을 버렸고 예수님이 구세주라는 것을 확신했던 제자들이다. 그러나 그들은 점심 식사에 관심을 두었다. 그들은 솔직히 말해서 우리를 나타낸다. 제자들은 물질적인 소유에서 눈을 뗄 수가 없었고, 하나님께서 그들이 이 땅에서 하기 원하는 것들을 포함한 영적인 사실들에는 시선을 두지 못했다. 그래서 그들은 빵을 사러 도시로 내려갔다. 예수님이 한 사마리아 여인과 말씀하고 계신 것을 제자들이 돌아와서 보고 놀라워했다. 드디어, 그녀는 물동이를 예수님 곁에 두고 떠난다. 이때 제자들은 예수님께 점심을 드린다.

"선생님, 드십시오."라고 그들은 말한다.

"나에게는 너희가 알지 못하는 먹을 양식이 있다."라고 예수님은 설명하신다.

"누가 드실 것을 가져다 드렸나?" 그들은 서로 쳐다보며 묻는다. '그 여자의 점심을 드셨나? 글쎄, 누가 점심을 갖다 드렸지?' 이런 제자들과 함께 계셨던 예수님은 얼마나 실망하셨을까! 마찬가지로, 점심 식사에서 눈을 떼지 못하는 우리 같은 사람들과 함께 계시는 예수님은 얼마나 실망하실까! 우리의 비전은 너무도 한정되어 있다. 문제는 우리의 믿음생활이 편안해지기 시작하면 자족하게 되고, 자포자기로 살아도 상관조차 안하게 된다. 비전이 없으면 열정도 없다.

그러나 예수님은 추수할 밭을 향한 뜨거운 열정이 있으셨다. 요한복음 4장 35절을 보자. "눈을 들어서 밭을 보아라! 희어져 추수하게 되었도다." 바로 그 다음에 무엇을 보셨는가? 예수님은 마을을 향하여 언덕을 내려다보고 계셨다. 하얗고 긴 옷을 입고 굽이진 언덕을 향해 올라오는 마을 사람들을 보고 계셨다. 그리고 그들이 마치 추수를 기다리는 들판의 곡식처럼 보였을 것이다. "보아라. 눈을 떠라. 추수할 때가 된 저들을 보아라. 너는 이런 때에 어찌 먹을 것 생각이 나느냐?"라고 말씀하셨다.

만약 당신이 잃어버린 영혼에 대한 비전이 있다면, 먹는 것에 흥미를 잃을 것이다. 왜냐하면 당신의 비전이 열정이 되기 때문이다. 갑자기 당신이 복통을 일으켰다. 질문 하나를 해 보자. 가장 최근에 잃어버린 영혼 때문에 배가 아팠던 적이 있었는가? 주위의 사람들을 잘 살펴보라. 성경에서 나온 추수할 때처럼 밭이 익었다. 추수의 시기이다. 잠언 10장 5절에서는 추수 때에 자는 자는 부끄러움을 끼치는 아들이라고 말한다.

추수할 때가 되었음을 명심하라. 세계 도처에 분명히 추수를 기다리는 사람들이 있다. 그들은 삶의 갈증을 채워 줄 생수를 애타게 찾고 있다. 그들의 영혼이 "나를 하나님의 곳간으로 거두어 주세요."라고 울부짖는다. 하지만 우리는 자신의 삶에만 너무 집중하며 한 끼 점심에서 눈을 떼지 못한다.

그 동안 예수님은 성경에 나타나듯이 하나님의 뜻대로 열심히 노력하셨다. 우리가 하나님의 뜻이 이뤄지도록 열심히 하고 우리를 향한 그분의 목적을 달성할 때, 그제서야 하나님의 뜻을 발견하게 된다. 그리고 그분의 뜻은 성경에 나와 있다. 당신과 나를 위한 하나님의 뜻이 바로 그곳에 있다. 우리의 삶에 대한 하나님의 계획은 하나님을 모르는 사람들과 함께 세워지는 것이다. 그것이 특권이다. 얼마나 흥미진진한가!

그러나 하나님께서는 또한 이렇게 말씀하셨다는 것을 기억하자. "밤이 오리니 그때는 아무도 일할 수 없느니라"(요 9:4). 예수님은 자신의 일을 다 끝내고 밤을 맞았다. 이제 우리의 일을 끝내야 한다.

잃어버린 자를 향한 마음

그렇다면 당신은 잃어버린 자들을 어떻게 돌볼 것인가? 무엇보다 당신은 죄인이라는 사실에 민감해져야 한다. 내가 처음 그리스도인이 되었을 때 영국 케임브리지에 있는 한 대학교를 다니고 있었다. 나는 기독교 집안에서 자라지 않았다. 제2차 세계대전 당시 나는 다섯 살이었다. 그리고 하나님께서 정말로 천국에 계시다면, 하나님은 그렇게 훌륭하지도, 똑똑하지도, 좋은 분도 아닐 것이라고 단정했다. 왜냐하면 하나님께서는 내 주위에 폭탄이 떨어지는 것을 막을 수 없었기 때문이다. 나는 그렇게 믿으며 성장했다. 그 후 대학에 들어갔고, 내 생애 처음으로 실존하는 하나님을 믿는 사람들을 만났다. 이것은 내게 정말 뜻밖의 사건이었다. 나는 똑똑하고 잘 생기며 운동도 잘 하는 학생들 사이에 있었는데, 그들은 이 믿어지지 않는 이야기들을 믿었다. 그들은 기독교 신앙 체계를 받아들였고, 신앙고백을 했다. 그리고 내게 주님에 대해 이야기해 주었다.

이 시기에 하나님에 대한 개념을 파악하는 것이 내가 할 수 있는 최선이었다. 그 후 내가 죄인이라는 생각을 갖게 되었는데 그것은 정말 충격적이었다. 내가 읽은 최초의 기독교 서적은 C. S. 루이스의 『스크루테이프의 편지』(The Screwtape Letters)였는데 늙은 사탄이 풋내기 사탄에게 쓴 편지로 이루어진 내용이다. 저자는 내가 케임브리지에서 학생이었을 때 교수였고, 매우 탁월한 사람이었다. '이렇게 대단하고, 훌륭한 사람이 죄인과 사탄을 인정하다니,

어떻게 이럴 수 있을까?' 나는 기독교 신앙을 연구하지 않을 수 없었다.

그 후 몸이 아프기 시작하더니 병원에 입원하게 되었다. 그리고 내 옆 침대에 있었던 한 여자가 나를 철저하게, 완전하게, 돌이킬 수 없도록 예수 그리스도께 인도했다. 나는 완전히 달라졌다. 그러나 내가 죄인 됨을 인정하지 않았더라면, 생수를 건네 준 그 분을 만날 수 없었을 것이다. 구원받아야 할 필요를 깨닫지 못했을 것이다. 그리스도께 인도했던 그녀는 내가 그 개념을 이해하고 인정하도록 만들었다. 예수님은 잃어버린 죄인을 받아주셨다. 한 건물에서 예배에 참석하는 것이 그리스도인을 만들어 주는 것이 아니다. 빌리 그레이엄이 말했듯이, "당신은 자동차 차고에서 태어날 수는 있지만, 그것이 당신을 차로 만들어 주는 것은 아니다."

그래서 예수님은 사마리아 여인에게 말씀하셨다. "너는 잃어버린 영혼이다. 구원은 유대사람에게서 난다. 내가 영생의 말씀이니 내 말을 들으면 너는 살 것이다." 예수님은 많은 것들을 짧은 시간에 그녀에게 설명하셨고 그녀는 믿음으로 나왔다. 제자들과 달리, 예수님은 이 여인이 믿음으로 나올 수 있다고 믿으셨다.

예수님은 케임브리지를 분주하게 돌아다니면서 매우 권위적으로 말하고 오만하며 자부심이 강한 나 같은 여학생도 하루아침에 자신을 믿을 수 있다고 생각하셨다. 예수님의 마음은 나로 인해 아프셨다. 바로 사마리아 여인에게 그러셨던 것처럼 말이다. 그러나 그것은 우리가 죄인임을 인정할 때에만 역사한다. 이 개념을 이해하고 믿음으로 어떻게 나아가는지를 이해하면 우리의 삶은 변화될 것이다.

잃어버린 영혼인 우리의 어머니, 동생, 친구, 상사 그리고 동료들을 바라볼 때 무엇인가를 하고 싶을 것이다. 그러나 우리가 잃어버린 영혼들에게 성공적으로 복음 전하기를 소망한다면 전체적인 시각을 가져야 한다. 하나님의 마음을 몹시 상하게 하는 곳이 세상이지만, 주님은 그곳을 회복하고 싶어 하시며 그 일에 우리를 사용하려고 하신다.

잃어버린 영혼에 대한 이해

그러면 잃어버린 영혼들에게 어떻게 다가갈 것인가? 우리는 숙제를 해야 한다. 예수님은 사마리아 여인과 말씀하시면서 그녀에 관해 알아보셨다. 예수님은 사마리아인들과 유대인들이 공동의 유산을 공유한 적이 있기 때문에 자연스럽게 그녀의 환경을 알게 되었다. 갈대아 사람들이 와서 유대인들을 바빌론으로 끌고 갔을 때 그들은 소수의 사람들을 남기고 갔다. 그 남은 사람들은 이방인과 결혼을 했다. 그들은 자녀를 낳았고 반은 유대인, 반은 이방 족속인 사마리아인들의 그룹을 형성하기 시작했다. 정통 유대인들은 사마리아인들을 '혼혈' 인종이라는 이유로 경멸했다. 사마리아인들은 유대법을 그대로 따르고 있었기에 어디에서 예배를 드려야 할지 혼란스러워했다. 그리심 산에서 예배를 드려야 하는가? 아니면 예루살렘 성전에서 예배를 드려야 하는가?

하지만 예수님은 어디에서 예배를 드려야 하느냐고 물어보는 사마리아 여인의 말에 대답하지 않으신다. 대신 그녀의 믿음과 그녀의 형편에 관심을 두신다. 그분은 장벽이 아닌 다리의 역할로 이 정보를 이용하신다.

예수님은 이렇게 말씀하신다. "예배를 드리는 장소와 방식이 중요한 것이 아니다. 네가 누구에게 예배를 드리느냐가 중요하다. 그리고 신령과 진정으로 예배를 드려야 한다. 사실, 너는 그렇게 할 수 있다. 그래, 너는 여자이다. 그래, 너는 사마리아 여자이다. 그렇다. 너는 멸시받고 있는 여자이고 너는 잘못된 선택을 했다. 그렇다. 너는 죄 많은 여자이다. 그러나 네가 나를 경배할 수 있도록 너를 초대한다."

한 여인의 마음을 흔들어 놓은 것은 바로 이러한 초대이다. "네가 나를 경배하기를 바란다. 내 곁에 너를 위한 자리가 있다." 폭넓은 시야을 갖고 계셨던 예수님은 자신의 숙제를 끝내셨다.

만약 우리가 여자들을 그리스도께로 인도하고 그리스도에 대해 가르치고자 한다면, 현대 문화를 검토해야 하고, 여자들이 어느 곳에 있으며, 어떻게 생각하고 있는지, 그들이 무엇을 하는지, 어디로 가는지, 옷을 어떻게 입는지 알아야 한다. 여자의 세계를 만드는 것은 무엇인가? 우리는 그것을 이해하고 있는가? 우리는 연구하고 있는가?

30년 전, 목회 프로그램을 통해서 여자들을 처음으로 전도하기 시작했을 때, 겨우 한 개의 그룹이 있었다. 6명의 여자들과 성경공부를 시작했고 마침내 800명으로 성장했다. 그때는 성경을 가르치는 것만으로 충분했다. 하지만 세상은 변했다. 그들의 필요를 알고 채울 수 있어야 한다.

그들은 나름대로의 그룹을 형성하고 있다. 젊은 엄마들 그룹이 있고, 집 밖에서 일하는 여자들 그룹, 이혼한 여자들 그룹 등이 있다. 각각의 그룹은 그 나름의 문화, 언어, 의복, 사고방식과 필요가 있다. 젊은 엄마들의 관심 분야가 이혼한 사람이나 혼자 사는 사람에게 꼭 흥미가 있는 것은 아니다. 여자들에게 다가가기 위해서 우리는 그들의 동시대 문화를 이해해야 한다.

예를 들어, 거절감을 느낀 이혼한 여자의 삶은 어떨까? 그 반대로 행복하게 결혼해서 신앙심 깊은 자녀들을 양육하려는 젊은 엄마를 이해하는가? 그녀는 이혼한 여자와는 다른 세상에 살고 있다. 잃어버린 영혼에게 다가가려면 그들의 필요가 무엇인지 반드시 알고 있어야 한다.

또한 이것이 예수님이 우물가의 여인에게 하셨던 일이다. 예수님은 무엇을 어떻게 말할 것인지를 알고 계셨다. 예수님의 비전은 열정이 되었다. "오, 네가 알았더라면"이라고 말씀하셨다. 그리고 마침내 알게 되었다. 그때부터 그녀는 전도자가 되었다. 사마리아 여인이 마을 전체를 전도했을 때 당신은 무슨 말을 할 수 있는가? 그녀는 믿음의 사람이 되었다. 마을 전체를 그리스도께 전도하기 전에 당신은 신학교나 성경학교에 들어가야만 한다고 생각하는가? 절대로 그렇지 않다! 당신이 믿음을 가지게 될 때부터 시작할 수 있다.

병원 내 침대 옆에 있던 그 소녀가 나를 그리스도께 인도했을 때 이렇게 말했다. "질, 이제부터 당신의 침대 옆자리에 오는 모든 사람들은 당신이 오늘 겪었던 일을 듣게 될 거예요."

"그럴까요?" 하고 물었다.

"그럼요." 그녀는 대답했다.

"누가 그 사람들에게 말해요?"

"당신이요."

"내가 뭐라고 말해요?"

"당신이 방금 했던 대로 이 일을 말하면 되지요. 우리가 나누었던 대화를 말해 줘요."

"누구한테 말해야 할까요?"라고 물었다.

"침대 옆으로 오는 모든 사람들에게요. 보세요! 저기 간호사가 오고 있네요. 저 사람한테 시작해 봐요."

그렇게 했다. 그리고 그날 더듬거리면서 서투르게 설명하는 것을 많은 사람들이 듣게 되었다.

이제 당신 차례이다. 당신이 바로 예수님을 사랑하고 잃어버린 영혼을 전도하기 위해 부름 받은 여인이다. 사역을 시작하라. 당신이 있는 바로 그 자리에서 시작하라. 그 사명의 장은 말 그대로 어느 때이든 당신의 두 발에서 출발한다.

| 영 | 감 | 을 | 주 | 는 | 구 | 절 |

"우리가 선을 행하되 낙심하지 말지니 피곤하지 아니하면 때가 이르매 거두리라"(갈 6:9)

"견고하며 흔들리지 말며 항상 주의 일에 더욱 힘쓰는 자들이 되라 이는 너희 수고가 주 안에서 헛되지 않은 줄을 앎이니라"(고전 15:58).

"주 여호와께서 학자의 혀를 내게 주사 나로 곤핍한 자를 말로 어떻게 도와줄 줄을 알게 하시고"(사 50:4).

"우리는 그의 만드신 바라 그리스도 예수 안에서 선한 일을 위하여 지으심을 받은 자니 이 일은 하나님이 전에 예비하사 우리로 그 가운데서 행하게 하려 하심이니라"(엡 2:10).

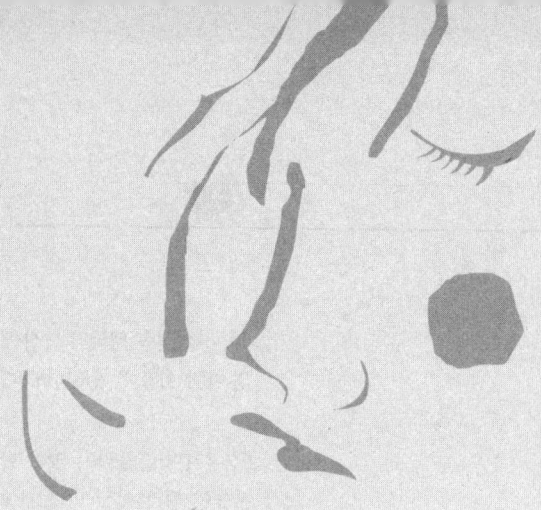

3 자아상 바꾸기

| 샌드라 윌슨 | *Sandra D. Wilson*

여호와께서 말씀하시느니라…
"내가 너를 지명하여 불렀나니 너는 내 것이라."
−이사야 43장 1절

당신은 누구인가? 재미있는 질문이다. 이 질문은 생각하게 만들며, 생각해 보아야 할 질문이다. 당신이 누구인지 알고 있는가? 우리가 누구라는 것을 어떻게 결론짓는가? 우리 자신의 자아상을 어떻게 개발하며, 어떻게 하는 것이 하나님의 딸로서 우리의 삶에 영향을 줄 수 있겠는가? 친구로서는 어떠한가? 세상적인 부모의 딸로서는? 혹은 언니로, 아내로, 어머니로서는? 어떤 차이가 있을까? 당신이 그것을 알아갈수록 매우 커다란 차이를 느낄 것이다. 우리의 자아상을 개발시키는 이 개념을 탐색해 보자.

자아상 확립하기

나는 내 친아버지를 만난 적이 없다. 가끔씩 나 자신을 서자로 생각하기도 한다. 어머니가 아버지를 만났을 때 사랑에 깊이 빠졌고 서로 만난 지 몇 개월 만에 결혼을 하셨다. 불행히도, 어머니는 중요한 한 가지를 몰랐는데 아버지는 이미 결혼한 상태였다. 아버지는 이혼문제로 전혀 고민하지 않았으며 결국 어머니를 떠나버렸다.

어머니는 임신했다는 것을 알게 되었을 때 감격하셨지만, 아버지는 그렇지 않으셨다. 어머니는 낙태를 하라고 말하는 아버지를 이해할 수가 없었다. 어머니는 아버지에게 이 아이가 필요하며 낙태는 생각조차 않겠다고 확실히 말하셨다.

아버지는 어머니가 낙태를 하지 않을 것이라는 것을 눈치 채자, 총을 닦다가 일어난 사고처럼 꾸며서 어머니를 죽이려고 했다. 그즈음, 아버지는 중혼자일 뿐만 아니라 횡령자로 연방정부에 체포되었다. 그 당시 어머니는 뉴잉글랜드에 있는 친정으로부터 약 4,800킬로미터나 떨어진 애리조나에 있었고 미혼모가 흔치 않던 수십 년 전에 아버지 없는 아이를 낳게 되었다.

어머니는 나에게 아버지가 있는 것이 최선이라고 생각하셔서 내가 두 살 되던 해에 재혼하셨다. 또다시 어머니는 경솔한 결혼을 했다. 이 남자에 대해 어머니가 몰랐던 매우 중요한 것이 있었다. 그는 수십 년 동안 알코올중독 환자였다. 당신이 이 문제를 겪어 봤다면 알코올중독이 한 가정에 가져오는 대혼란을 너무도 잘 알 것이다. 그것은 한 아이의 자아상을 왜곡시켰다. 그것은 놀이공원의 유령의 집에서 일그러진 거울을 보는 것과 비슷하다. 그러나 비정상적인 가정에서는 놀이공원 같은 즐거움은 없었다. 나는 알코올중독자가 있는 가정에서 첫째 아이에게 주어지는 비현실적인 기대에 대한 부담 속에서 살았다. 또한 지난 30년 동안 내 기억 속에서 완전히 지워버렸지만 몇 번의 성적 학대를 경험했다.

이러한 모든 경험들이 작용하여 내 마음속에는 내가 무엇을 하든지, 그것이 충분하지 못하다는 느낌을 갖게 했다. 일을 매우 열심히 하는 것과 상관없이 더 열심히 노력해야만 했다. 완벽한 사람이 되어야 한다고 믿었다.

모든 아이들이 그렇듯이 잘못되고 고통스러운 인식을 유감스럽게도 성인기까지 연장시킨다. 어린 시절에 무시당하고 학대받은 경험이 있다면 어른이 되어서도 끔찍하게, 심지어는 유별나게 무엇인가 잘못되었다는 느낌으로 몸부림치게 된다. 다른 사람들은 결점이 하나도 없고 자신은 다소 결점이 있다고 믿기도 한다. 심지어 다른 사람보다 가치가 없다는 생각까지 한다. 수년 동안 나는 이것을 '비성경적 수치심'(unbiblical shame)이라고 불렀다.

왜 '비성경적'인 것인가? 분명하게 성경은 모든 사람이 죄로 말미암아 흠이 있다고 말한다. 그러므로 흠이 없는 사람은 없다. 성경에 따르면 우리는 모두 죄로 손상을 받았기 때문에 내가 다른 사람보다 더 가치 있는 사람일 수는 없다.

흠이 있다! 당신 스스로에 대해서 이러한 존재라는 것을 알면서 사는 것은 매우 고통스럽다. 당신 주위의 사람들에게 매우 실망스러운 존재인 것처럼 느껴진다. 그것이 바로 내가 느꼈던 '흠이 있다'는 것이다.

그래서 나는 이렇게 대처했다. 내 모습이 있는 그대로 안심되지 않았기에 다른 사람들이 원하는 사람이 되려고 열심히 노력하는 방어책을 세웠다. 그리고 타인을 기쁘게 할 수 있는 모든 것들을 했다. 사람들의 인정을 받기 위해서 내가 할 수 있는 한 완벽하게 이행하려고 노력했다. 내가 충분히 인정받는 것만이 사랑을 받는 것이라는 어리석은 생각을 했다. 물론, 내 생각대로 이루어지지는 않았다. 하지만 내가 계속 인정받다 보면, 어느 날 마술처럼 그것이 사랑으로 변하여 내 마음속에 있는 심한 갈증을 채워 줄 것이라고 생각했다.

마음 깊은 갈증

잠시 멈춰서 우리 마음속에 존재하는 이러한 깊은 갈증에 대해 생각해 보자. 아마도 당신은, '나는 이런 갈증을 정말로 느끼고 싶지 않아. 사랑받고 싶다는 욕망에 화가 나. 인생이란 내가 그렇게 생각하지만 않는다면 훨씬 단순해질 거야.' 라고 생각할 수도 있다. 그러나 어떤 사랑하는 관계에 있어서든 일반적으로 나타나는 이런 깊은 갈증을 부인하는 실수를 저지르지 말라. 하나님은 당신을 이끄시기 위해서 당신의 마음속에 그러한 갈망을 주셨다. 즉, 우리는 영원히 하나님과 사랑하는 확고한 관계에 있도록 창조되었다. 그 관계에 속하고 싶은 열망은 여자로서 우리 영혼의 일부이지 혐오스러워 할 어떤 것은 아니다. 사실, 그것은 우리가 소중히 여겨야 할 어떤 것이다. 우리는 그 열망을 통해 하나님께 더 가까이 나아가도록 해야 한다.

앞에 언급했듯이, 자신에게서 무엇인가 문제가 있다는 고통스러운 생각을 자아내면서 방어체계를 세우기 시작한다. 나는 그것을 '허위(pretense)방어'라고 부른다. 우리는 완벽한 사람인 척하며, 어떤 종류의 비판에 상당한 위협을 느낀다. 그 즉각적인 반응은 바로 이것이다. "이럴 수가! 나를 사랑하는 사람은 더 이상 없을 거야. 아무도 이제 나를 인정해 주지 않을 거야. 사람들은 나를 어쩔 수 없는 결함이 있는 사람으로 보겠지." 그리고 이 생각은 비성경적 수치심을 더욱 키운다.

비성경적 수치심의 문제는 우리를 공포의 상황에 이르게 한다. 우리는 버림받는 것을 두려워한다. 왜냐하면 수치심은 우리 자신에게 무엇인가 커다란 잘못이 있다고 말해 주기 때문이다. 사람들은 도덕적인 죄에 직면하게 되면, 처벌을 두려워한다. 그러나 거짓, 죄 혹은 성경적인 수치심에 직면할 때는 버림받는 것을 두려워한다.

그래서 우리는 상처받은 영혼을 보호하기 위해서 방어체계를 만들기 시작한다. 그것은 일종의 방어적 성격구조가 된다. 우리는 삶에 그것을 일찍부터 발전시키는데, 대부분 그것을 인식조차 못한다. 사실, 그것이 우리 정체성의 핵심이 될 수도 있다. 실제로 우리는 자신의 방어물들이 되는 것이다.

그렇다면 당신이 방어적 성격구조를 만들어 왔는지, 아닌지 어떻게 알 수 있는가? 물론 예외의 경우도 있지만, 보편적으로 대부분의 사람들은 이 자아개념의 영역에서 갈등하고 있다.

삶의 일곱 가지 영역

영혼의 상처받은 이유들을 알아보기 위해서는 여자의 삶의 일곱 가지 주요 영역을 고려해 보아야 한다.

1. 영적인 영역

방어적 성격구조를 만들어 온 여자는 자신이 사랑을 받을 수 없다거나 하나님께 용서를 받을 수 없다는 뿌리 깊은 의식이 있다. 그러므로 그녀는 자신의 신(deity)과 소원해짐을 느끼고, 그분이 자신에 대해서 실망하거나 화가 났다고 인식할 것이다. 그러나 하나님에 대한 이러한 개념은 소문자 'd'와 관계있는 신을 나타낼 뿐이다. 하나님이 아니다. 성경에 있는 하나님이 아니며, 예수님이 소리쳐 부르셨던 아바 아버지도 아니다. 단지 비성경적 수치심으로 갈등하는 사람들이 어쩔 수 없이 기쁘게 하려는 하나의 왜곡된 신이다. 물론, 당신은 지금껏 상상해 왔던 이 애정 없는 개념의 신을 절대로 기쁘게 할 수 없다.

이러한 여자들이 독실한 기독교 신자가 되면, 커다란 혼란이 생긴다. 성경에서 말씀하시듯 하나님이 자신을 사랑하신다는 것을 알고 있다. 그러나 자신의 자아에 존재하는 이 깊은 상처와 갈등하면서, 자신을 가치 없는 존재로 여겨 이류의(second-class) 구원을 주장할 수밖에 없다고 생각한다. 우리는 하나님이 우리를 기꺼이 받아 주실 만큼 진심으로 사랑하지 않으신다고 믿는다.

결국 우리는 하나님이 예수님에게 이런 제안을 하셨다고 생각한다. 만약 예수님이 우리의 죄를 용서하시기 위해 십자가에서 죽으시면, 그리고 만약 우리가 그 사실을 믿고 마음속에 예수님을 받아들이면, 우리를 영원히 자신의 가족으로 삼으시겠다고 말이다. 즉, 하나님의 본심은 우리가 그분의 가족이 아니길 바라시지만, 자신의 말씀을 지키시기 위해 마지못해 우리를 받아들이신 것이라고 생각하게 되는 것이다.

어떤 사람들에게는 이 말이 어이없게 들리겠지만, 이러한 생각은 우리 중 많은 사람들이 마음 깊이 품고 있는 하나의 사고방식이다. 나는 미국 전역과 세계 여러 곳에서 수많은 기독 여성들을 만나면서 그것을 알게 되었다. 그들은 바로 이 생각 때문에 영적인 생활에서 갈등하고 있다.

2. 개인적인 영역

우리가 영적으로 흠이 있다거나, 미숙하거나, 혹은 가치가 없다고 느낄 때 이 관점은 삶의 모든 양상들을 알려준다. 우리는 어디에 있든지 부족하다고 느낀다. 또한 무엇을 하든지 충분하지 않다고 생각한다. 우리는 종종 '방관자'의 느낌이 있다. 말하자면, 관계하는 방법을 모르기에 미친 듯이 완벽주의를 추구함으로써 부족함을 보충하려고 한다. 우리는 말 그대로 모든 일에 있어서 완벽한 존재가 되어야 할 처지에 몰린다. 그것은 인생을 살아가는 데 매우 고통스러운 방식이다.

3. 관계의 영역

여자의 삶에 있어서 세 번째 주요 영역은 타자와의 관계와 관련이 있다. 정체성에 대한 불안감은 방어적인 성격으로 인해 생긴다. 이러한 류의 여자가 인정을 받고 싶어 하는 강한 욕구가 있다는 것은 충분히 이해할 만하다. 그녀는 인생에서 중요한 누군가에게 비판을 받을 때 분명 불안감을 느낄 것이다. 이런 이유로 갈등하는 사람들은 다른 사람들과 함께 있을 때 편하게 행동하지 못한다. 왜냐하면 그들은 주변의 사람들을 기쁘게 하기 위해 매우 열심히 노력하기 때문이다.

여자들은 일반적으로 사람들을 기쁘게 하는 데 관심이 있다.

또한 사람들에 대해서 연구하고 그들이 원하는 것을 정확하게 파악하여 가능한 한 완벽하게 그들의 기대를 만족시키려고 노력한다. 특히 기독 여성들에게 있어서 관계의 질적 변화는 그들의 행복에도 영향을 미친다. 중요한 관계에 갈등이 생겼을 때, 우리는 자기 자신과 인생에 대해서 도저히 좋게 생각할 수가 없다. 우리는 자신이 불행하다고 느낀다. 우리는 자포자기, 거절, 비판과 분노에 대한 두려움과 사랑과 인정을 박탈하게 하는 모든 것들 때문에 갈등할 수 있다. 방어적 성격으로 인해 그 갈등은 백배나 더 심해진다.

4. 이성적 영역

여자의 삶에 있어서 네 번째 주요 영역은 이성의 영역, 즉 생각하는 방식이다. 방어적인 성격과 씨름하는 여자는 하나님과 자신에 대해서 그리고 다른 사람들에 대해서 그릇된 확신을 갖고 있다. 만약 당신이 왜곡되고 잘못된 자아상이 확립되도록 양육받았다면 당신의 신앙 습관도 분균형의 모습을 보일 것이다. 그러나 당신은 가정에서 배운 것을 믿었기 때문에 그것들이 잘못된 신념이라는 것을 몰랐다. 당신은 진실을 분별하는 방법을 몰랐다. 그러므로 당신의 신앙 습관은 당신의 자아상처럼 기형적이다.

5. 감정적 영역

방어적 성격구조에 있어서 다음으로 중요한 요소는 여자의 감정적인 생활이다. 그것은 슬픔, 절망, 걱정 혹은 분노가 특징인데, 그것들은 버림받는 것에 대한 두려움을 숨기는 데 동원된다. 창세기 3장은 우리에게 타락 이후 언급된 첫 번째 감정이 두려움이라고 말해 준다. 하나님은 우리가 버림받는 것에 대한 두려움으로 괴로워하는 것을 아신다. 성경에 "두려워 말라, 내가 너와 함께함이라."는 말씀이 얼마나 많은지 기억하라. 하나님은 우리를 버리지 않을 것이라고 확실하게 말씀하신다.

6. 결단의 영역

방어적 성격구조에서 이 요소는 여자들이 내리는 선택이나 결단과 관계가 있다. 전형적으로, 여자들은 이런 상황에서 지속적인 인정을 받을 수 있는 선택을 한다. 소위 '습관적인 승낙'으로 결정한다. 그러한 여자들은 자신이나 혹은 배우자의 스케줄을 확인할 생각을 전혀 하지 않으며 약속하기 전에 기도할 생각도 안한다. 그들은 누군가를 실망시키기보다는 모든 것에 동의한다. 결국, 그들의 선택은 심사숙고 끝에 나온 반응이 아니라, 하나의 방어 전술이 된다.

7. 행동의 영역

이것은 여자의 삶에 있어서 밖으로 표현되는 것이다. 만약 한 여자가 방어적 성격구조를 발달시켜 왔다면, 그녀는 다른 사람들과의 관계에 지나치게 초점을 맞출 것이다. 결국, 하나님과의 관계나 자신을 건강하게 관리하기보다는 타인과의 관계를 우선시하게 된다. 그녀가 생각하는 행복에 관한 전체적인 분별력이 타인과의 관계에 얽매이게 된다. 그래서 그녀의 행동에 이러한 태도를 보이게 될 것이다.

방어적인 성격구조가 한 개인의 삶을 고통스러운 방식으로 억압하는 것은 확실하다. 성취감이 거의 없으며 대부분의 경우 우리는 공허함을 느낀다. 그것은 마치 우리의 영혼에 빈틈이 있는 것과 같다. 진리인 하나님의 말씀이 새어나가고 그것을 중요하게 느끼지 못한다. 그리고 우리에게 많은 변화가 일어나지 않는다. 물론, 이것은 여자 기독교인들에게 매우 혼란스럽고 고통스러운 일이다.

성취감 경험하기

그렇다면 이제 우리는 무엇을 할 수 있는가? 커다란 변화와 진정한 성취감을 경험하기 위해서 무엇을 해야 하는가? 다른 사람들이 그것을 경험하도록 하기 위해서 우리는 어떤 도움을 줄 수 있는가? 지금까지 우리는 방어적 성격구조를 검토해 보았다. 이제는 이상적인 성격구조에 대해서 생각해 보자. 그렇게 하면서 우리는 진정한 회복과 성취감을 경험하는 방법을 발견하게 될 것이다.

무엇보다도 여자의 인생에 있어서 이상적인 성격구조를 생각해 볼 때, '좀 더 일관적으로' 그리고 '더욱 더'와 같은 말을 자주 사용한다는 것을 짚고 넘어가려 한다. 이 말들은 과정을 뜻하는 단어들이다. 자아상과 성격구조를 이상적으로 발달시키는 것은 하나의 과정이다. 그것은 어떤 신기한 단계가 아니다. 그것은 변화해 나가는 평생의 과정이다.

우선, 영적인 영역을 생각해 보자. 이 경우에 있는 여자는 아바, 하나님께서 자기 자신을 온전히 다 아시고, 충만한 사랑을 주시고, 자신을 값없이 용서하셨다는 것을 점점 더 깊이 인식할 것이다. '아바'는 예수님이 사용하셨던 말이고, 사도 바울도 로마서와 갈라디아서에서 이 말을 사용했다. 그것을 번역한다면, '아빠'라는 뜻이다. 그것은 아버지에 대한 애정 어린 말이다. 어린 아이가 이웃의 아저씨한테 아빠라고 부르지는 않는다. 그러므로 여자의 영적인 생활에 있어서 변화되어 가는 과정 중의 한 부분은 바로 하나님을 사랑의 아빠라고 확실하게 인식하는 것이다. 그분은 화가 나고 실망하여 얼굴을 찌푸린 부모의 모습이 아니다. 하나님은 우리를 사랑하시고 보호하고 싶어 하신다. 그 결과, 우리가 소중한 존재라는 것을 인식하면서 역할을 감당하기 시작한다.

용서받는 것과 소중히 여김을 받는 것에는 커다란 차이가 있다. 하나님께서는 마지못해 우리를 받아들이신 것이 아니다. 그분은 우리를 매우 사랑하신다. 우리는 진정으로, 진실로 그리고 완전히 용서받았다. 그것은 매우 대단한 변화이다. 바울이 에베소서 2장 13절에서 "이전에는 멀리 있던 너희가 가까워졌느니라."라고 말했던 것에 유념하라. 우리는 다른 땅으로 옮겨 심겨진 것이다.

생각해 볼 만한 또 하나의 중요한 구절은 에베소서 3장 17절인데 이 말씀이 영혼을 회복시키는 모든 과정의 열쇠이기 때문이다. "믿음으로 말미암아 여러분의 마음속에 머물러 계시게 하여 주시기를 빕니다. 여러분이 하나님의 사랑 속에 뿌리를 박고 터를 잡기를 바랍니다"(표준새번역).

그러나 우리 중에 자아상에 상처를 입었거나, 왜곡되고 비성경적인 자아상이 있는 사람들은 고통의 터에 뿌리를 두고 있다. 우리가 하나님의 무조건적인 사랑으로 마침내 자유함을 얻었을 때 나타나는 커다란 변화는 모든 것을 변화시킨다. 그것은 우리의 전 생애를 완전히 변화시킨다.

그러나 당신은 이렇게 생각할지도 모른다. '나는 말씀을 알고 있어. 그 장들은 전에 읽어 봤었지. 그리고 말씀에 충실한 교회를 다니고 있다구.' 거기까지는 괜찮다. 성경을 거울로 비유하는 야고보서 1장 23~25절은 하나님의 말씀을 통해 우리는 누구이며, 하나님이 어떤 분이시며, 타인은 누구인지에 대해 훨씬 더 올바른 관점을 갖게 된다고 말한다. 말씀을 공부하는 것은 매우 중요하지만 하나님의 사랑에 대해서 아는 것과 당신의 삶에서 그분의 사랑을 실제로 경험하는 것과는 다르다.

요한복음 17장 3절에서 예수님은 우리에게 "영원한 생명은 오직 하나님을 아는 것"이라고 말씀하신다. 하나님에 대해서 단순히 아는 것이 아니다. 누구도 하나님에 대해서는 알 수 있다. 사실, 이교도들도 하나님께서 세상을 사랑하신다는 것까지 인정할지 모른다. 그러나 하나님께서 세상을 사랑하신다는 것을 아는 것과 그분이 당신을 사랑하신다는 사실을 경험하는 것에는 커다란 차이가 있다. 하나님께서는 당신을 인격적으로 사랑하신다. 그것은 말 그대로 삶의 변화이다.

영혼을 치유하기

우리의 영적인 영역이 치유되는 경험을 원한다면 하나님과의 사랑의 관계를 발전시켜야 한다. 하나님과의 관계는 신학적인 확증을 넘어선 경험적인 사실이 되어야 한다. 하나님께서 당신을 사랑하신다는 사실을 경험하게 되면 당신이 갖고 있는 성격의 모든 부분에 있어서 커다란 치유의 결과가 있을 것이다. 나는 날마다 이것을 배우고 있다.

여자의 삶에 있어서, 개인적인 영역에서의 치유는 자신의 부족함이 아닌 하나님의 충만함에 일관된 초점을 맞추면서 자신이 가치 없는 존재가 아니라는 사실에 안도감을 가질 때 가능하다. 균형을 놓치지 말라. 그렇다! 우리는 이 영원한 사랑의 관계에 적합하지 못한 존재이지만, 가치 없는 존재가 아니다. 어떤 것의 가치는 누군가가 기꺼이 지불하려는 값으로 결정된다. 우리가 하나님과의 이 영원하고 확고한 사랑의 관계가 맺어지기까지 지불되었던 그 값을 생각해 보라. 얼마나 놀라운 일인가! 우리의 삶의 뿌리가 하나님의 놀라우신 사랑의 토양에 더욱 더 깊이 뿌리 내려 가장 사랑받는 느낌, 확실한 정체성을 가지고 사는 것이 무엇인지 경험하게 될 것이다.

관계 영역에서의 치유는 비판에도 인내할 수 있는 능력을 발전시키고 점점 더 확고한 정체성을 갖게 한다. 하나님과 사랑하는 관계가 우리 삶의 중심을 차지한다면 타인과의 관계가 어떠하든지 대처해 나갈 수 있다. 모든 인간관계는 끝나기 마련이다. 타인과의 관계는 우리의 영혼이 갈망하는 것을 충분히 채워 줄 수 없다. 그럼에도 불구하고 우리는 타인과의 관계가 우리를 만족시켜 주기를 계속 기대할 것이다. 그리고는 실망한다. 깊은 갈망을 채워 주지 못한 그 사람에 대해서 분노하게 된다. 혹은 하나님이나 우리 자신에게 화를 낼지도 모른다. 하지만 하나님만이 하실 수 있는 것을 인간이 공급해 주기를 기대하는 것은 어리석다.

하나님은 예레미야서에서 이스라엘 민족이 두 가지 엄청난 실수를 저지른 것에 대해서 생생하게 말씀하신다. "내 백성이 두 가지 악을 행하였나니 곧 생수의 근원되는 나를 버린 것과 스스로 웅덩이를 판 것인데 그것은 물을 저축지 못할 터진 웅덩이니라"(렘 2:13).

그것은 우리 영혼의 목마름에 대한 은유이다. 우리는 생수로 만족시켜 주시는 유일한 분인 하나님 앞으로 나아가지 않고, 오히려 하나님을 버리고 우리의 갈증을 해결할 수 없는 터진 웅덩이—사람 또는 사물—를 샘으로 삼는 것에 대한 비유이다. 놀라운 것은 하나님의 끝없는 사랑의 터에 뿌리를 내리면 내릴수록 우리는 현실적인 인간관계가 어떠하든지 만족할 수 있다. 그것은 인간관계를 중요하게 생각하지 않는다는 의미는 아니다. 나는 남편을 소중히 여기며 45년 동안 결혼생활을 하고 있다. 남편이 나를 매우 사랑하지만, 남편이 내 가슴 아주 깊은 곳에 있는 갈망까지 채워 주기를 기대하지 않는다.

하나님께로 돌아갔을 때 또 다른 유익을 얻게 되는데 그것은 우리가 외로움 때문에 괴로워하지 않게 되는 것이다. 왜냐하면 변함 없이 언제나 하나님이 우리와 함께하시기 때문이다. 하나님께서는 우리의 자녀와 남편처럼 우리에게 실재하신다. 이것은 항상 신학의 일부가 되어 왔지만, 이제 그것은 우리 삶의 기초가 된다.

이성의 영역에 있어서의 치유는 그녀의 마음이 끊임없이 새롭게 되어 진실을 분별하게 되면서 치유된다. 이것을 완벽하게 뒷받침해 주는 말씀이 바로 로마서 12장 2절의 "우리는 마음을 새롭게 함으로 변화를 받는다."이다.

그렇다! 말씀으로 깊이 들어가라. 그리스도 안에서 당신이 누구인지 발견하라. 다른 사람들과의 바른 관계가 어떤 것인지 발견하라. 하나님의 성품에 대해서 더 많이 배우라. 훌륭한 기독교 서적을 읽으라. 연장자이면서 현명하고 균형이 있으며, 멘토와 양육자의 역할을 할 수 있는 그리스도인 여자를 찾으라. 그리고 당신이 어떤 상담이 필요하다면 꼭 상담을 받으라. 나도 상담을 받아 보았는데 많은 도움이 되었다. 우리의 그릇된 신앙을 올바로 고칠 수 있고 진실을 분별할 수 있는 방법들은 매우 많이 있다.

여자들은 감정의 영역에 있어서 대부분의 감정들을 적절히 표현한다. 그러나 완벽하게 표현되지는 않을 것이다. 우리는 때때로 감정을 부적절하게 표현한다. 왜냐하면 삶의 과정에 있기 때문이다. 하지만 우리는 그것을 개발시키면서 더욱 더 적절하게 감정을 표현하게 될 것이다. 하나님께서 우리와 함께 계시며 절대로 버리지 않으신다는 것을 깨달아갈 때, 버림받는 것에 대한 두려움은 상당히 감소할 것이다.

분별의 영역에서의 치유는 성경을 근거로 어떤 선택을 하고 그 결과에 대해 일관성 있는 책임을 질 때 이루어진다. 바꾸어 말하면, 우리 선택에 대한 비난의 시선을 다른 사람에게 돌리지 않게 된다. 우리의 선택에 책임을 지는 것이 편안해질 것이다.

우리는 무의식적인 '승낙' 대신에 무의식적인 '거절'을 하지 않을 것이다. 그보다도 하나님께서 우리에게 무엇을 하기 원하시는지를 생각하게 될 것이다. 또한 다른 사람들에게 인정받는 것에 대한 관심보다 하나님께 인정받는 것에 대해 더 관심을 갖게 될 것이다.

마지막으로 우리의 행동 영역에 있어서 치유는 우리가 끊임없이 성장하고, 진정한 헌신과 사랑을 베푸신 그리스도를 닮아가는 삶을 살게 될 때 이루어진다. 다시 말하면, 더욱 더 일치하는 삶을 살게 될 것이다. 우리가 말하고 행동하는 것이 마음속의 나 자신과 일치하게 될 것이다. 이것은 진행 과정이며 주님과의 관계가 깊어질수록 더욱 강해질 것이다.

얼마나 커다란 변화인가! 하나님과의 관계가 실제로 맺어지기 시작하고 삶의 뿌리가 하나님의 놀라우신 사랑의 토양에 깊이 뿌리내릴 때 삶에 있는 모든 것은 변화할 것이다. 하지만 생각만으로 이루어지는 것이 아니다. 우리가 하나님의 말씀을 읽고 기도로 그분과 대화를 나눌 때 변화하기 시작한다. 그리고 스스로를 바라보는 방식도 변화하기 시작한다. 그것은 사랑하고 신뢰하는 권능자와 대화를 나누었던 것처럼, 하나의 관계 안에서 우리의 자아상이 원래 형성되었기 때문이라고 할 수 있다.

얼마나 영광스러운 변화인가! 그리스도인 여자들은 만족스러운 자아상을 확립하고, 확고한 정체성과 진정한 성취감을 가질 수 있는 희망이 있다.

"믿음으로 말미암아 그리스도께서 너희 마음에 계시게 하옵시고 너희가 사랑 가운데서 뿌리가 박히고 터가 굳어져서 … 그리스도의 사랑을 알아 그 넓이와 길이와 높이와 깊이가 어떠함을 깨달아 하나님의 모든 충만하신 것으로 너희에게 충만하게 하시기를 구하노라"(엡 3:17~19). 이 말씀처럼 우리는 충만하게 될 것이다. 인생의 충만함과 하나님께서 주신 능력으로 가득 차게 될 것이다. 바울은 하나님께 찬양을 올리기 시작한다. "하나님께 영광을! 그분은 우리 가운데 역사하시는 능력대로 우리의 온갖 구하는 것이나 생각하는 것에 더 넘치도록 능히 하실 이시다."

우리가 "우리 삶 가운데 역사하시는 하나님의 능력"을 점점 더 경험하면서 자신의 부족함이 문제가 아님을 깨닫게 될 것이라고 확신한다. 문제의 본질은 하나님께서 부족함이 없으시다는 사실을 깨닫는 것이다. 그리고 그리스도께 더욱 가까이 나아갈 때 우리의 정체성에 대해서 다음과 같은 확신이 들 것이다. 그것은 바로 내가 아바 아버지의 사랑하는 자녀라는 것이다.

 |영|감|을|주|는|구|절|

"나 여호와가 말하노라 너희를 향한 나의 생각은 내가 아나니 재앙이 아니라 곧 평안이요 너희 장래에 소망을 주려하는 생각이라"(렘 29:11).

"그러므로 이제부터 너희가 외인도 아니요 손도 아니요 오직 성도들과 동일한 시민이요 하나님의 권속이라"(엡 2:19).

"너의 하나님 여호와가 너의 가운데 계시니 그는 구원을 베푸실 전능자시라 그가 너로 인하여 기쁨을 이기지 못하여 하시며 너를 잠잠히 사랑하시며 너로 인하여 즐거이 부르며 기뻐하시리라 하리라"(습 3:17).

"누가 우리를 그리스도의 사랑에서 끊으리오 … 내가 확신하노니 사망이나 생명이나 천사들이나 권세자들이나 현재 일이나 장래 일이나 … 다른 아무 피조물이라도 우리를 우리 주 그리스도 예수 안에 있는 하나님의 사랑에서 끊을 수 없으리라"(롬 8:35, 38, 39).

"…영의 생각은 생명과 평안이니라"(롬 8:6).

"무릇 하나님의 영으로 인도함을 받는 그들은 곧 하나님의 아들이라 너희는 다시 무서워하는 종의 영을 받지 아니하였고 양자의 영을 받았으므로 아바 아버지라 부르짖느니라 성령이 친히 우리 영으로 더불어 우리가 하나님의 자녀인 것을 증거하시나니"(롬 8:14~16).

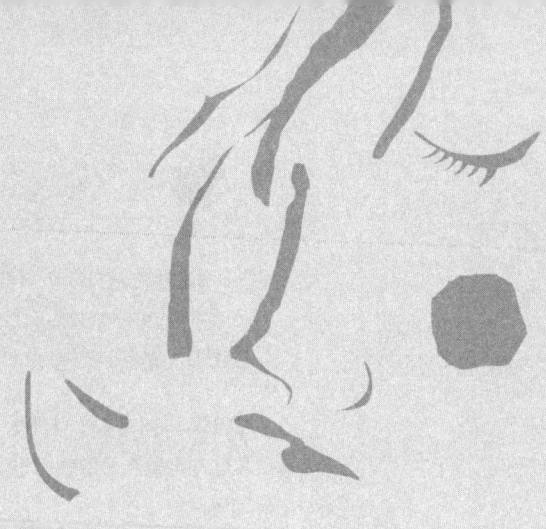

4 경건한 여자로 살기

| 캐슬린 하트 | *Kathleen Hart*

하나님을 사랑하는 자 곧 그 뜻대로 부르심을 입은 자들에게는
모든 것이 합력하여 선을 이루느니라
-로마서 8장 28절

인생은 여러 단계로 전개된다. 수천 년 전, 솔로몬 왕은 "천하에 범사가 기한이 있고 모든 목적이 이룰 때가 있나니."(전 3:1)라고 기록하면서 이 사실을 인정했다. 우리의 삶은 일정한 단계를 통해 수많은 활동들로 이루어진다. 각각의 단계는 독특하다. 각 단계마다 하나님께서 주신 소명, 즉 목적이 있다. 우리는 그 단계들을 통과할 때, 삶의 매순간을 조정하시는 하나님께 초점을 두어야 한다.

모든 여자들은 평생에 걸쳐 다양한 단계에 직면한다. 특히 결혼해 자녀를 둔 여자들의 경우는 더욱 그렇다. 여자의 삶 속에 펼쳐지는 그 단계들에는 미혼, 결혼, 신혼, 임신, 출산, 양육, 직장, 가사, 사춘기 아이들, 노부모님을 모시는 것이 있으며 그 사이에 중년의 위기도 있을 것이다. 당신은 하나나 둘, 혹은 더 많은 단계들을 동시에 아니면 뒤바뀐 순서로 경험하기도 하며 어떤 단계는 그냥 지나칠 수도 있다.

일반적으로 십대의 자녀들이 있는 시기에 부모님을 모시면서 중년의 위기에 처할 수도 있다. 혹시 이 시기에 직업을 바꿀 수도 있다. 동시에 결혼생활에도 별도의 노력을 쏟아야만 할 때도 있다. 결혼이란 어떤 단계에서든 힘든 일일 수 있으며, 자녀를 양육하는 것 또한 언제나 도전이 되는 일이다.

여자는 아이들이 독립하게 되면 그 다음 단계로 접어드는데 이를 빈둥지증후군(empty nest syndrom)이라고 한다. 그리고 자녀들이 성장하면서 직면하게 되는 몇 가지 추가적인 단계가 있다. 바로 며느리의 단계, 할머니의 단계, 폐경기와 퇴직의 단계가 그것이다. 운이 좋으면 당신은 인생의 황금기를 즐기다가 세상을 떠날 것이다. 예수님과 함께하게 될 영원의 단계는 얼마나 멋질까! 물론, 각각의 어느 단계에서도 죽음을 맞이할 수 있다. 죽음은 기나긴 인생에서 반드시 말년에 발생하는 것만은 아니다.

이러한 단계 속에서 당신은 좋거나 힘든 시간 동안 웃거나 울며, 유복하거나 빈곤하며, 건강하거나 아플 수 있다. 각각의 단계마다 다른 경험과 도전이 있다. 문제는 우리가 어떻게 그 새로운 도전들에 대처할 것인가이다. 당신은 성장하고 있는가, 아니면 침체하고 있는가? 도전이란 것은 맞설 수 있는 것이며 건설적으로 사용될 수 있는 것이다. 또한 내 표현으로 말하는 도전이란 그리스도 안에서 약속의 성취이다.

이러한 과정을 이해하기 위해서 우리는 먼저 각 단계들을 알고 있어야 한다. 그 후 그 다음 과정을 준비해야 한다. 우리는 각 단계에서 요구하는 것에 융통성 있게 적응해야 한다. '적응'은 한 단계에서 다음 단계로 성공적으로 나아가기 위해서 우리의 삶에 적용해야 하는 중요한 개념이다. 그렇지 않으면 문제가 발생하게 된다. 각 개인들에게 환경과 경험이 다를 수 있다는 것을 명심하라. 삶의 각 단계가 다른 사람과 꼭 비슷할 수는 없다. 왜냐하면 우리의 자녀와 남편 그리고 환경이 서로 다르기 때문이다.

당신의 인생에서 각 단계마다 도전이 있을 때, 당신을 도와줄 수 있는 이 여섯 가지 질문을 자신에게 해 보라.

1. 삶의 현 단계에서 하나님의 사랑을 경험하고 있는가?
2. 하나님을 어떻게 사랑하고 있는가?
3. 내 삶의 목적은 무엇인가?
4. 나의 관객은 누구인가?
5. 나의 행동과 태도를 지배하고 있는가?
6. 나는 떠나면서 어떤 인상을 남기는가?

각각의 이 질문에 대해서 좀 더 깊이 있게 생각해 보자.

1. 삶의 현 단계에서 하나님의 사랑을 경험하고 있는가?

만약 내가 당신에게 "지금 하나님의 사랑을 경험하고 있습니까?"라고 물어본다면, 당신은 "왜 그런 질문을 하세요? 하나님께서 나를 사랑하신다는 것을 알고 있어요."라고 대답할 것이다. 그러나 유감스럽게도, 우리에게 절망과 실패, 후회와 낮은 자존감, 분노와 상처로 인해 힘든 시기가 다가오면, 우리는 하나님께 불평하기 시작한다. 하나님께서 정말 자신을 사랑하시는지 궁금해 한다. 우리는 '난 실패했어. 내가 한 일을 봐!' 라고 느끼는 그 단계를 모두 지나왔다. 우리는 후회와 씨름하면서 생각한다. 하나님께서 나에 대해서 실망하신 건 아닐까? 하나님은 정말 나를 사랑하실까? 대답은 간단하다. 하나님께서는 당신을 사랑하신다. 지금 있는 모습 그대로를 사랑하신다. 예를 들어, 만약 우리가 병에 걸리거나 몸이 쇠약해져서 정말 힘든 시기를 보내고 있다면 의사나 현명한 그리스도인 상담자에게 지도를 구하는 것이 도움이 될 것이다. 우리는 우리 스스로 바로 설 수 없을 때가 있으며 도움이 필요할 때가 있다는 것을 반드시 기억해야 한다. 만약 당신이 현재 지쳤거나 하나님으로부터 멀리 떨어져 있음을 느끼고, 직면한 문제에 대처할 수 없는 상황이라면 일시적으로 전문가에게 도움을 구하라.

A.W. 토저(Tozer)의 저서 『하나님을 추구함』(The Pursuit of God)에서 그는 이렇게 말한다. "우리가 어디에 있든지 하나님께서는 여기에 계시다." 이 말은 지금까지 내게 커다란 격려가 되고 있다. 특히 내가 세계 여러 곳을 돌아다닐 때 그렇다. "내가 과연 너희를 버리지 아니하고 과연 너희를 떠나지 아니하리라"(히 13:5). 하나님께서는 우리가 어디를 가든지 우리와 함께하신다. 그러므로 우리가 첫 번째로 할 일은 하나님의 은혜와 우리를 향한 하나님의

사랑을 깨닫는 것이다. 다음 말씀들을 생각해 보라. "(나를 향하신!) 그리스도의 사랑의 넓이와 길이와 높이와 깊이가 어떠한지를 깨달아, 지식을 초월하는 그리스도의 사랑을 알게 되기를 빕니다"(엡 3:18, 19). "우리가(그분을) 사랑함은 그가 먼저 우리를 사랑하셨음이라"(요일 4:19). "우리가 아직 죄인 되었을 때에 그리스도께서 우리를 위하여 죽으셨다"(롬 5:8).

하나님은 우리가 그분을 사랑하기 전부터 우리를 사랑하셨다. 하나님께서 우리를 너무 사랑하셔서 그의 아들 예수님이 우리를 위해 죽임을 당하시게 하셨다. 인생의 어느 단계에서든지, 그 어느 것도 하나님의 사랑으로부터 우리를 끊을 수 없다는 것을 상기해야 한다.

로마서 8장 39절은 이렇게 말한다. "내가 확신하노니…(그 어느 것도) 우리를 우리 주 그리스도 예수 안에 있는 하나님의 사랑에서 끊을 수 없으리라." 이 말씀을 통해 우리는 안도감과 확신 그리고 진정한 정체성을 갖게 된다. 왜냐하면 우리 한 사람 한 사람은 하나님의 자녀이기 때문이다. 우리는 인생의 어떤 시점에서 변함없고, 한결같은 하나님의 사랑을 상기할 때가 있을 것이다.

우리가 일단 그분의 사랑을 확신하기 시작한다면, 그 사랑을 기꺼이 받으려고 할 것이다. 우리는 '맞아, 하나님께서는 나를 사랑하시지.' 라고 생각하며 인정할 수도 있지만, 그것을 진정으로 믿지 않는다. 즉, 하나님께서 우리를 사랑하신다는 것을 진심으로 인정하지 않는다. 로마서는 "우리에게 주신 성령으로 말미암아 하나님의 사랑이 부은 바 됨이니."(롬 5:5)라고 말한다. 우리는 "주님, 주님의 사랑을 받겠나이다."라고 대답해야 한다.

나는 학생들에게 그분의 사랑을 받아들이고 호흡하라고 가르친다. "주님의 사랑으로 호흡합니다. 그리고 내 안의 모든 부정적인 것과 불신앙을 토해 냅니다." 당신이 하나님의 사랑을 받아들이고 당신 안에 그 사랑이 살아 있다면, 그분의 풍성하신 사랑이 넘쳐흘러서 다른 사람을 사랑할 수 있을 것이다. 그 사랑이 당신에게 풍성하게 부어졌을 때 사랑은 쉽게 전해지게 된다.

2. 하나님을 어떻게 사랑하고 있는가?

이 질문은 우리 자신을 직시하게 한다. 우리는 하나님께서 우리를 보시는 것처럼 스스로를 봐야 한다. 시편 139편에서 하나님은 우리를 환히 아시고 나의 모든 행위를 익히 아신다고 말씀하신다. 우리의 있는 그대로, 생긴 그대로의 모습을 알고 계신다. 우리가 때때로 낮은 자존감으로 발버둥질할 때, 우리는 하나님으로부터 도망가고 싶어진다. 왜냐하면, '나는 하나님을 실망시켜 드렸어. 하나님은 도저히 나를 사랑하실 수 없어.'라고 생각하기 때문이다.

그러나 우리가 이미 죄인되었을 때, 하나님께서 우리를 사랑하시며 우리를 위해서 죽으셨다는 것을 기억하라. 그분은 우리를 절대로 떠나지 않으신다. 성경은 "주는 … 마음의 비밀을 아시나이다."(시 44:21)라고 말한다. 하나님은 우리의 모든 생각을 알고 계신다. 그 생각들을 하나님으로부터 숨길 수가 없다. 또한 "내게 무슨 악한 행위가 있나 보시고 나를 영원한 길로 인도하소서."(시 139:24)라고 말씀하신다. 그리고 우리가 기도로 하나님께 나아갈 때에 이렇게 구해야 한다. "주님, 제 안에 어떤 불쾌한 행동이 있습니까? 저의 지금 삶의 단계에서 변화되거나 제거해야 할 어떤 것들이 있습니까? 제가 어떤 상황에서 올바르지 않게 행동하거나 죄를 짓고 있지는 않습니까?"

이 기도는 '우리는 이 세상에서 무엇을, 혹은 누구를 가장 사랑하는가?'라는 질문을 하게 한다. 하나님은 우리를 창조하셨고 이 땅에 훌륭한 안식처를 주셨다. 또한 우리의 죄를 위해 죽으신 하나님의 아들을 보내셨고 평생토록 우리를 인도하시기 위해 성령을 보내 주셨다. 그리고 이 모든 것들에 대해 우리가 마음을 다하며 목숨을 다하고 힘을 다하며 뜻을 다하여 하나님을 사랑하시기를 원하신다. 예수님은 이와 같이 말씀을 반복하신다. "네 마음을 다하며 목숨을 다하며 힘을 다하며 뜻을 다하여 주 너의 하나님을 사랑하라 … 이를 행하라 그러면 살리라"(눅 10:27, 28). 당신은 정말 잘 살고 싶은가? 마음을 다하고 목숨을 다하며 힘을 다하며 뜻을 다해 하나님을 사랑하라. 우리가 이렇게 하나님을 사랑할 때 하나님은 우리의 터전이 되시고 우리는 예수님과 하나가 된다. 예수님은 "(아버지,) 저들도 하나가 되어 … 우리 안에 있게 하소서."(요 17:21, 22)라며 우리와 하나가 되고 싶어 하시는 그 소망을 말하셨다. 또한 "내가 아버지 안에, 너희가 내 안에, 내가 너희 안에 있을 것이다"(요 4:20). 우리는 하나이다. 우리가 예수님과 하나라면, 우리에게 무슨 일이 일어나든지, 예수님께도 그 일이 일어난 것이다. 그러므로 우리는 "주님, 무슨 일이 일어났는지 좀 보세요."라고 말할 필요도 없다. 예수님은 이미 알고 계신다.

사람과 환경보다 예수님께 초점을 맞추기 위해 애쓰라. 우리가 예수님께 초점을 맞추면서, 기도하는 것은 매우 중요하다. 빌립보서 4장 6절에서는 "아무것도 염려하지 말고, 모든 일에 오직 기도와 간구로 우리의 구할 것을 하나님께 아뢰라."고 말한다. 그러므로 모든 일에 대해서 기도하라.

나는 다윗 왕을 정말 존경한다. 다윗은 매우 인간적인 사람으로 시편에서 자기 자신을 솔직하게 표현했다. "내가 소리 내어 여호와께 부르짖으며 소리 내어 여호와께 간구하는도다 내가 내 원통함을 그 앞에 토하며 내 우환을 소리 내어 여호와께 간구하는도다"(시 142:1). 우리가 해야 할 일이 바로 이것이다. 마음을 하나님께

쏟아 내고 그분과 모든 것을 나누어야 한다. 언제 어디서나 모든 것에 대해 기도하라.

나는 풀러 신학대학(Fuller Theological Seminary)의 교목으로 여자 사역자를 훈련시키며 그들을 격려하여 개인적으로 영적으로 성장하도록 돕고 있다. 그리고 그들에게 기도 시계를 가지고 다니도록 가르치고 있다. 모든 여자들은 기도 시계를 갖고 있다. 내 주머니에도 시계가 하나가 있는데 매일 정오에 자명종이 울린다. 우리는 매일 정오에 서로를 위하여 기도하기로 약속했기 때문에 내가 어디에 있든지, 세계 어느 곳에 있든지 상관없이 내 시계는 캘리포니아 시각 정오에 벨이 울린다. 그때 기도한다.

나는 오 할레스비(O. Hallesby)의 글을 좋아한다. "기도의 영은 우리를 하나님과 매우 친밀하게 만든다. 그래서 하나님께 기도하지 않으면 아무것도 경험할 수 없다. 하나님께로 나아가서 간구하고, 중보하며, 감사와 찬양으로 뜨겁게 기도하라." 이것이 기도에 대한 모든 것이다. 기도는 언제 어느 곳에서나 하나님께 모든 것을 말하는 것이다.

3. 내 삶의 목적은 무엇인가?

당신은 당황하거나 혹은 이성을 잃었던 적이 있는가? 당신은 어쩌면 지금 잘못된 인생의 방향으로 가고 있는지도 모른다. 나는 잘못된 방향에 대해서 알고 있다. 우리가 미국에 처음 왔을 때, 나는 뇌파전위기록장치(electroencephalography)를 공부하면서 내 인생의 4년을 허비했다. 그것은 하나님을 앞질러서 내 생각대로 했던 일이었고 하나님께서 원하시는 일이 아니었다. 실제로 그 지식을 한 번도 사용한 적이 없다. 나는 가까스로 면허증을 받을 수 있었으나 어리석게도 잘못된 방향으로 가고 있었던 것이다.

그러므로 "내 삶의 목적은 무엇일까?"라고 자신에게 물어보라. 그 해답은 "그런즉 너희가 먹든지 마시든지 무엇을 하든지 다 하나님의 영광을 위하여 하라."(고전 10:31)이다. 하나님께 이 직업에 대해서 도와달라고 기도했지만 그 과정에 있어서 주님의 뜻을 구하지 않았고 그분의 영광을 바라보지 않았다. 그때 중년의 위기로 매우 힘들었다. 우리가 하나님께 인도하심을 구하지 않는다면 계속 잘못된 방향으로 가게 되어 매우 불안한 단계를 만들게 된다. 그것은 조심스럽고 주의해야 하는 단계이다.

물론 삶이 정신없이 흘러가는 듯한 특정한 단계도 있다. 그리고 십대의 아이들을 키우는 우리들은 그것이 무엇인지 알고 있다. 우리는 너무 많은 짐을 지기 시작한다. 아이들을 여기저기로 내몰고 온갖 종류의 모자를 씌워주려고 하면서 삶은 그야말로 정신없이 흘러가게 된다. 나는 오스왈드 챔버스(Oswald Chambers)의 책 『최고의 하나님을 위한 나의 최선』(*My utmost for His Highest*)에 나오는 말을 종종 적용한다. 그는 이렇게 말한다. "우리는 강하고도 평온한 정신을 얻고 유지한다."

남편과 나는 어떤 특정한 상황에 처할 때, 예를 들어 공항에서 어떤 일이 잘못되었을 때, 남편에게 이렇게 말한다. "우리 강하고 평온한 마음을 가져요." 물론 강하고 평온한 마음은 하나님을 알고 하나님을 사랑하는 평안에서 오며 그분의 임재하심과 도우심의 확신에서 온다.

때때로 여자들이 불안감을 느끼거나 짐이 무겁게 느껴지는 단계를 경험하는데, 그때 정체성을 잃어버린다. 이것은 자녀가 집을 떠날 때 종종 일어난다. 수년 동안 우리는 엄마라고 불려지는 단계에서 많은 사랑을 한다. 그러나 자녀들이 집을 떠나면 그 정체성을 잃어버린다. 퇴직하는 남자들에게도 이와 같은 일이 생긴다. 삶에 허전함을 느끼며 기쁨이 없다. 사실, 이보다 더 절망하고 낙담할 수도 있다. 우리는 스스로에게 이렇게 되묻는다. "내 인생의 지금 이 단계에서 내 삶의 목적은 무엇일까?" 그러나 당신이 정말 질문해야 하는 것은 "하나님께서는 내가 이 시간을 어떻게 보내기를 원하시는가?"이다.

바로 지금 우리가 해야 할 것에 초점을 두는 것이 중요하다. 왜냐하면 우리는 때때로 그 특별한 삶의 단계에서 불가능한 일들을 하고 싶어 하기 때문이다. 예를 들어, 어린 자녀 셋을 둔 엄마가 어떤 사업이나 직업에 대해서 좋은 아이디어가 있다고 생각해 보자. 실제로 그녀가 그렇게 야심적인 사업을 하기에는 매우 어려운 시기일 것이다. 더욱이 실패자처럼 생각하거나 좌절하는 것은 좋지 않은데, 우리는 배우자와 자녀들로 인해서 좌절감을 갖게 될 수도 있다. 그러므로 온전히 하나님께 나아가 "하나님께서 지금의 내 삶의 단계에서 무엇을 이루려고 하십니까?"라고 구해야 한다.

우리가 그 질문에 대해서 하나님의 응답을 기대하며 단 두 가지 일만 하면 된다. 즉, 기다리고 귀를 기울이는 것이다. "나 곧 내 영혼이 여호와를 기다리며 내가 그 말씀을 바라는도다. 내 영혼이 주를 기다리나니"(시 130:5, 6). 주님을 기다리는 것은 매우 중요하다. 왜냐하면 우리는 하나님보다 앞서 가거나 쉽게 불평하기 때문이다. 그러므로 우리는 주님을 기다려야만 한다.

반드시 귀를 기울이라. 나는 오랜 시간이 흐른 뒤에서야 귀 기울이는 것에 대해 배웠다. 이는 매우 안타까운 일이다. 왜냐하면 주님께 귀 기울이는 것을 새롭게 배우는 데 오랜 시간이 걸렸기 때문이다. 당신을 인도하시는 하나님의 음성을 듣기까지는 시간이 좀 걸린다. 당신은 하나님을 전혀 인식하지 못하는 단계를 때로 경험할 것이다. 그러나 하나님께서 말씀하시는 것을 듣기 위해서는 많은 시간을 하나님의 말씀으로 채워야 한다. 대개 성경을 통하여 하나님께서 말씀하시기 때문이다. 나는 강연회에서 연설할 때마다 하나님께서 내게 한 문장씩 들려주시기 시작하셨으며 그 말씀을 듣는 것이 몹시 놀라웠다고 청중들에게 설명해 준다. 하나님께서 이전에 내게 말씀하신 것을 많이 놓쳤던 것을 깨달았다. 하나님은 때때로 가장 어리석은 사람을 통해서 말씀하기도 하신다. 그러므로 하나님께 귀를 기울이라. 깨어서 하나님의 인도하심을 기다리라.

이 방법은 자연스럽게 인생의 방향을 찾도록 인도해 준다. 이를 위해서 하나님께서 그 길을 보여 주시도록 우리는 그분을 바라봐야 한다. "너는 마음을 다하여 여호와를 의뢰하고 네 명철을 의지하지 말라"(잠 3:5). 만약 당신이 마음을 다하여 주님을 사랑한다면 마음을 다해 그분을 믿는 것은 당연할 수밖에 없다. 성경은 "너는 마음을 다하여 여호와를 의뢰하고 네 명철을 의지하지 말라 너는 범사에 그를 인정하라 그리하면 네 길을 지도하시리라."라고 말씀하신다. 하나님께서는 당신이 가야 할 길을 가르쳐 주실 것이다. 하나님의 뜻을 구할 때 반드시 하나님께서 그 길을 인도해 주신다는 것을 믿어야 한다. 하나님께서는 우리 각자에게 계획이 있다. "너희를 향한 나의 생각은 내가 아나니 재앙이 아니라 곧 평안이요 너희 장래에 소망을 주려는 생각이라"(렘 29:11). 당신의 진로가 정해지지 않았을지라도 명심하라. 당신이 마음을 다해 주님을 믿는다면 그분은 당신에게 길을 보여 주실 것이다.

　인도하심을 구할 때 명심해야 할 중요한 몇 가지 요소들이 있다. 첫 번째 요소는 변화에 적응하는 것이다. 이것은 우리가 한 단계에서 다음 단계로 천천히 움직여 나갈 때 매우 중요하다. 당신의 인생 가운데 어떤 것들을 바꾸어야 할 때가 있는데 특히 당신이 부모가 되면 그렇다. 당신의 삶이 아이들에게 보여지기 때문이다. 그러므로 열린 마음으로 융통성 있게 변하라. 만약 당신이 융통성을 갖지 못하면 스스로 좌초하게 될 것이다. 그러므로 융통성은 삶에 있어서 필수적이다.

　우리는 살아가면서 때로는 '갑작스러운 일들'을 경험하게 된다. 갑자기 차에 문제가 생기고, 식기세척기가 고장이 나며 갑자기 사고가 난다. 혹은 하루 계획을 잘 세웠는데 갑자기 무슨 일이 생겨서 당신의 계획이 바뀐다. 이러한 일들은 '갑작스러운 일들'이다. 이럴 때에 융통성을 발휘하라. 그렇지 않으면 대처하기 힘들 것이다. 그러나 불쾌하지만 일시적인 이러한 도전에도 불구하고 주님께 언제나 신실해야 한다. 자신에게 이렇게 말하라. "이 일 역시 지나갈 것이다."

　삶의 다양한 단계 중에 하나님의 인도하심을 구할 때에 명심해야 할 또 다른 중요한 요소는 되돌릴 수 없는 상황에 대해 당신이 너무 슬퍼한다는 것이다. 인생에서 변할 수 없는 힘든 상황이 있다. 이러한 상황들로 인해 여자들이 얼마나 슬퍼했는지, 그리고 어떻게 극복했는지를 함께 나누는 것도 필요하다. 우리는 슬픔을 느낄 수 있는 시간을 만들어야 한다. 그렇지 않으면 남은 인생에 좌절과 불행이 자리잡게 된다.

두 번째 요소는 우선순위를 알아야만 한다. 크리스마스에 어떤 사람이 내게 *A Mother's Journey*라는 책을 한 권 보냈다. 그 책에 있는 다음 글에 깊은 감동을 받았다.

> 목자이신 하나님께서 말씀하십니다.
> 너의 소망을 내게 두어라. 너의 꿈을 내게 주어라.
> 삶의 여정은 길고 기대와 다르다.
> 자녀들을 지지하라. 나를 믿으라.
> 이것이 내가 네게 원하는 엄마의 모습이다.

"나를 믿으라." 나는 이 문장이 마음에 든다. 그것이 바로 삶의 모든 단계에서 주님이 우리에게 원하시는 것이다. 하나님을 믿으라. 성공하지도 못하고, 부자도 아니고, 매우 똑똑하지 않더라도 신실하라. 요한계시록에서는 믿음을 갖는 것과 우리의 믿음에 대한 면류관을 받는 것에 대해서 말한다.

또한 우리는 인생의 각 단계를 통과하면서 '자족하는 마음'을 가져야 한다. 일반적으로 인간은 만족하지 못하고 훨씬 더 쉽게 불만을 느낀다. 그러므로 자족하는 방법을 배우면 인생은 실망이 아니라 평화로운 모험이 될 것이다. 순간을 잡아라. 실제로 대부분의 젊은 엄마들은 "내가 지금 무엇을 하며 살고 있지? 시간을 낭비하는 것 같아!"라고 말한다. 순간을 붙잡으라. 당신은 잠시 동안 당신 품에 아이들을 있게 할 뿐이다. 아이들이 십대로 성장하면 당신이 깨닫기도 전에 그들은 성인이 될 것이다. 그러한 순간들은 우리가 '언제나 이랬으면 좋겠어.'라고 생각하며 아이들과 해변에서 즐겁게 보냈던 날처럼 '단 한 번'의 순간이 될 것이다. 아니면 남편과 당신은 평화로운 시간을 즐기며, '우리 영원히 이렇게 살아요.'라고 생각할 수도 있다. 앤 머로우 린드버그(Anne Morrow Lindbergh)의 책 『바다의 선물』(*A Gift from the Sea*)에서 작가는 인생에 있어서 '단 한 번'의 순간들을 이야기한다. 이것은 소중하고 잊혀지지 않는 순간들이지만 불행히도 우리는 이러한 순간에 머물러 있을 수가 없다. 이 순간에 그분이 주시는 평안으로 만족하라.

4. 나의 관객은 누구인가?

이 질문은 살아가면서 내게 많은 도움이 되었다. 나의 남편은 목사와 사모들을 대상으로 한 강연회에서 강의를 하면서 이 질문을 생각해 냈다. 남편은 우리 모두에게는 특별한 한 청중이 있다고 설명했다. 어떤 사람들에게는 부모님이 될 수도 있고 또 어떤 사람에게는 배우자나 타인이 될 수도 있다. 당신의 인생이 누구에게 인정받기를 원하는지 인식하는 것은 매우 중요하다. 당신은 누구의 인정을 받고 누구를 기쁘게 하기 위해서 삶을 계획하는가? 당신 자신인가? 다른 사람들인가? 하나님인가? 성경은 "주를 기쁘시게 하는 자 되기를 힘쓰노라."(고후 5:9)라고 말한다. 우리의 목적은 주님을 기쁘시게 하는 것이다. 당신의 관람석에 있는 다른 모든 사람들을 지워 버려라. 그곳에 계실 단 한 분은 바로 예수님이시다. 무조건적으로 당신을 사랑하는 분이시다. 바로 당신이 마음을 다해 사랑해야 할 분이이며 당신 삶의 방향을 제시하는 분이시다. 당신의 인생 각 단계에서 다시 한 번 물어보라. "나의 관객은 누구인가? 내가 누구를 기쁘게 하려고 하는가?" 당신은 결코 모든 사람들을 기쁘게 할 수 없다. 그러므로 예수님을 당신 인생의 주인으로 모시고 당신의 관람석에 예수님 단 한 분을 두어라.

5. 나의 행동과 태도를 지배하고 있는가?

당신은 행동을 지배하는가 아니면 환경에 반응하는가? 이 기준은 나의 인생에서 큰 영향을 주었다. 왜냐하면 그것이 결혼, 아이들 그리고 사역 등 모든 관계에서 나를 자유롭게 해 주기 때문이다. 인간의 본성이 그렇듯 우리는 끊임없이 다른 사람에게 반응한다. 함께 놀고 있는 두 아이들을 예를 들어 보자. 한 아이가 손가락으로 다른 아이의 눈을 찌르면 그 아이는 먼저 그렇게 했던 아이의 눈을 손가락으로 찌른다. 그리고 당신도 모르는 사이에 그 아이들은 싸우고 있다. 그들은 각자가 한 행동에 반응하고 있는 것이다. 불행히도 많은 아이들이 성인이 되어서도 여전히 이렇게 행동한다. 그들은 반응하는 사람들로 남게 된다.

그렇다면 우리는 계속 반복하여 반응하는 자가 되지 않으려면 어떻게 해야 하는가? 먼저 당신 스스로 준비하면서 자신의 행동과 태도를 지배하라. 만약 어떠한 상황이 주어질 때 당신이 어떻게 행동할 것인지를 미리 어느 정도 생각해 둔다면 그렇게 반응하지는 않을 것이다.

하나님의 말씀은 우리가 해야 할 행동과 하지 말아야 할 행동을 분명하게 지적하신다. 우리에게 저주하지 말고, 교만한 마음을 품지 말며, 지혜 있는 체하지 말고, 악을 악으로 갚지 말며, 스스로 원수를 갚지 말고, 악에게 지지 말고 선으로 악을 이기라고 말씀하신다(롬 12:14~21). 그리고 비판하지 말고 정죄하지 말라고 말씀하신다(눅 6:37). 우리는 어떻게 행동해야 하는가? 성경은 미워하는 사람들에게 잘 해 주고 축복하고 기도하라고 말씀하신다(눅 6:27). 그렇다. 그것이 타인에 대한 행동 방식이다. 우리가 절대로 부정적으로 반응하지 않게 된다는 것이 아니다. 하지만 준비되어 있다면 대처를 잘 할 수 있다. 그러므로 당신의 행동과 태도를 지배하라.

다음은 당신의 부정적인 행동에 대해서 다른 사람이나 환경을 탓하지 말라는 것이다. 사람들은 부모나 배우자 혹은 다른 사람들에 대해서 비난하기를 좋아한다. 왜냐하면 그들이 화를 내거나 부정적인 행동을 하기 때문이다. 이러한 행동은 하지 말아야 한다. 당신 자신에 대해서 스스로 책임을 져야 한다. 당신의 행실과 행동 그리고 태도에 대해 책임을 지며 삶의 모든 단계에서 그렇게 해야 한다. 그렇지 않으면 삶과 환경 그리고 사람들에게 계속해서 반응하는 행동을 하게 되며 우리의 인생은 끔찍해질 것이다.

우리는 자신의 생각을 지배해야 한다. 우리는 훌륭한 격려자가 될 수도 있고 낙담시키는 자가 될 수도 있다. 우리가 생각하는 내용을 반드시 지배해야 한다. 당신은 스스로를 깎아내리는가, 아니면 스스로에게 최고라고 말하는가? 우리는 종종 시간 관리에 대해 말한다. 그러나 사고(thought)관리는 그에 못지않게 우리의 삶에 있어서 커다란 변화를 만든다.

주님 안에서 항상 당신 자신을 격려하라. 나는 중년의 위기 단계에서 나 자신의 생각으로부터 늘 벗어나려고 노력했다. 그리고 남편이나 여러 다른 친구들을 격려하기로 했다. 그 이후 내 자신이 가장 좋은 격려자가 되어 가는 것을 알았다. 나를 격려해 주고 도전을 주며 나를 인도해 주었던 구절들을 모아서 앨범을 만들었다. 이 구절들을 내가 가르치는 학생들의 부인들에게 건네주고 있다. 다윗이 힘든 시기에 그랬던 것처럼 주 안에서 당신 스스로를 격려하라. "다윗이 마음이 슬펐으나 … 그 하나님 여호와를 힘입고 용기를 얻었더라"(삼상 30:6). 다윗은 어려운 시기에 주님께 나아갔고 그분께 기대었다. 우리는 모두 그렇게 해야 한다. "너희는 너희의 지극히 거룩한 믿음 위에 자기를 건축하며 성령으로 기도하라"(유 1:20).

성경말씀을 암송하는 것은 중요하다. 우리 집의 화장실, 주방 그리고 침실에 말씀을 카드로 만들어 붙여 놓았다. 이것이 성경구절을 외우는 데에 도움이 된다. 또한 러닝머신에 몇 개의 카드를 붙여 놓기도 했다. 사실, 나는 사랑카드를 만드는 여자로 알려져 있다. 그리고 전세계로 카드를 보내고 있다. 그 성경구절들이 내게 너무나 큰 도움이 되었기 때문에 다른 사람들과 그것을 나눈다. 실제로 어느 사모가 내 카드를 부시 대통령에게 건네주기도 했으며 대통령은 그 카드를 주머니에 넣고 다니며 "나는 이 카드를 항상 갖고 다닐 것이다."라고 말했다고 한다.

내 카드 이외에도 우리 집에는 액자로 만든 말씀이 있다. 나는 멋진 액자 몇 개를 구입해서 집안 여러 곳에 걸어 놓는데, 이것 역시 주님 안에서 성장시킨다. 영적인 상태를 유지하기 위해서 다른 사람에게 의지하지 않는다. 인생의 여러 단계 동안에 외롭고 상심될 때가 있는데, 그 전에 우리 스스로가 준비하는 것을 배워야 한다. 그러면 우리는 어려움이 생겨도 주님 안에서 강해질 수 있고 독실한 믿음을 지닐 수가 있으며 다른 사람들의 격려에 의지하지 않아도 된다.

당신의 인생에 있는 현재 책임들에 항상 초점을 두어야 한다. 그것들을 일단 깨닫고 받아들이면 당신은 많은 갈등과 불만, 좌절과 외로움을 피할 수 있을 것이다. 당신이 갖고 있는 현재의 책임들에 초점을 두면 주위에 돌보아야 할 사람들이나 해야 할 일들을 게을리 하지 않게 된다. 나는 젊은 엄마들을 가르치는 강의를 하나 맡고 있는데 그들의 남편들은 목회를 시작하려 하거나 상담자나 심리학자 또는 선교사가 되기 위하여 준비하고 있는 사람들이다. 그들에게는 이 문제에 직면하는 것이 매우 중요한데 그들의 진로가 현재 보류된 상태이기 때문이다. 하지만 항상 이렇게 상기시킨다. "당신의 인생은 보류 중이 아니다. 하나님께서는 바로 지금 당신을 향한 계획이 있으시다."

6. 나는 떠나면서 어떤 인상을 남기는가?

당신의 인생의 각 단계에서 스스로에게 물어보아야 할 여섯 번째 질문은 바로 이것이다. "내가 남기는 최후의 인상은 어떤가?" 에드민드 해러코트(Edmond Haraucourt)는 "우리는 어느 곳에 가든지 우리의 모습들을 많이 남긴다."라고 말한다. 이것은 사실이다. 당신이 어느 곳에 가든, 그곳이 집이든, 상점이든, 사무실이든 또는 은행이든, 당신이 떠난 자리에는 당신의 많은 모습들이 남겨진다. 문제는 당신이 인생의 각 단계들을 거치면서 다른 사람들의 삶에 어떻게 영향을 주고 있느냐이다. 사람들과 함께 지낸 후에 상대방에게 어떤 변화가 생겼을까? 그들은 격려를 받았을까? 또한 사람들을 그리스도께로 인도할 때 지혜롭게 인도하며 처신하는가?

자녀들의 인생에도 우리의 태도, 행동과 말이 영향을 준다는 것을 명심해야 한다. 당신이 여러 단계를 거쳐 나가는 동안 자녀들에게 모델이 된다는 것을 잊지 말아야 한다. 그리고 자녀들은 당신이 어떻게 행동하는지를 지켜보고 있다. 당신은 현재 나이 드신 부모님을 모시고 있으면서 중년의 위기를 겪고 있을지도 모른다. 그 모습이 당신의 십대 자녀들에게 깊은 영향을 미치게 될 것이다. 그러므로 당신 자신을 관리하고 당신의 목적을 찾아야 한다. 무엇보다도 자녀들에게 영향을 주고 있다는 것을 인식하는 것이 중요하다. 자녀들의 십대의 시기를 이해하기 위해서 책을 읽고 비디오를 보고 그 시기를 맞고 있는 부모들과 대화하면서 스스로를 준비하라. 당신이 현재 자녀를 키우는 방식은 그 아이들이 나중에 자신들의 아이들을 훌륭하게 키우게 하거나 혹은 잘못 키우게 하는 방식이 될 수 있다.

그러므로 우리가 인생의 각 단계를 살아가는 방식은 다른 사람들에게 끊임없는 영향을 주는 유산이 된다. 우리는 그리스도의 향기이다(고후 2:15). 우리의 사랑은 펼쳐진 책과 같으며 주변의 사람들이 그것을 읽을 것이다. 성경은 우리가 주님과 같은 모습으로 변화한다고 말한다(고후 3:18).

자녀와 손자들에게 내가 어떤 인상을 남긴다는 것에 대해 확실한 개념이 잡혔을 때 나는 그 아이들을 위해 작은 책자를 하나 쓰기로 결심했다. 그것은 손자 또는 손녀의 이름을 넣은 '생명의 말씀'과 '할머니가 주는 말씀'이라는 제목의 책자이다. 거기에는 나의 간증과 아이들에게 쓴 개인적인 편지가 들어 있다. 그 책자에는 또한 격려해 주는 성경구절뿐 아니라 아이들의 삶과 관련된 특별한 일도 들어 있으며 나에게 후손들이 왜 그토록 특별한지를 적어 놓았다.

또한 남편은 손자들에게 줄 멋진 상자를 만들었다. 그것은 아이들의 보물상자였는데, 특별히 상자 위에 아이의 이름과 날짜와 '할아버지로부터'라는 글귀를 금으로 새겨 넣었다. 나도 내 할아버지나 아버지에게 그러한 책자와 상자를 받았으면 좋았을 것이다. 그것들을 소중히 여기고 나의 손자들에게 물려줄 수 있었을 것이다.

손자 녀석들이 나의 작은 책자를 그들의 손자들에게 물려주기를 바란다. 나는 인생을 단지 말로만 살고 싶지 않으며 그리스도와 같은 방식으로 인생을 살려고 노력했다. 손자들이 나에게서 주님의 모습을 조금이라도 볼 수 있기를 바란다. 이것이 바로 마지막 인상을 남긴다는 것의 의미라고 생각한다. 당신의 인생은 주님에 대한 사랑을 나타내게 될 것이고 미래의 세대는 하늘에 계신 아버지께 영광을 돌리며 당신의 발자국을 따라오게 될 것이다.

나는 당신이 인생의 각 단계에서 축복받기를 기도한다. 하나님께서 당신과 함께 계신다는 것을 명심하라. 그분은 당신 인생의 각 단계마다 존재하시며 당신을 붙들어 주실 것이다. 주님의 도움으로 당신은 전 인생을 통해서 하나님의 특별한 여인이 될 수 있다. 당신이 마음을 다하여 그분을 언제나 사랑하며 신실할 수 있기를 기도한다. 하나님의 축복이 함께하기를 바란다.

|영|감|을|주|는|구|절|

"내게 능력 주시는 자 안에서 내가 모든 것을 할 수 있느니라"(빌 4:13).

"우리가 이와 같이 말함은 사람을 기쁘게 하려 함이 아니요 오직 우리 마음을 감찰하시는 하나님을 기쁘시게 하려 함이라"(살전 2:4).

"하나님 앞에서 담대함을 얻고 무엇이든지 구하는 바를 그에게 받나니 이는 우리가 그의 계명들을 지키고 그 앞에서 기뻐하시는 것을 행함이라"(요일 3:21, 22).

"내가 하나님의 모든 자비하심으로 너희를 권하노니 너희 몸을 하나님이 기뻐하시는 거룩한 산 제사로 드리라 이는 너희의 드릴 영적 예배니라 너희는 이 세대를 본받지 말고 오직 마음을 새롭게 함으로 변화를 받아 하나님의 선하시고 기뻐하시고 온전하신 뜻이 무엇인지 분별하도록 하라"(롬 12:1, 2).

"주 안에서 항상 기뻐하라 내가 다시 말하노니 기뻐하라 너희 관용을 모든 사람에게 알게 하라 주께서 가까우시니라 아무것도 염려하지 말고 오직 모든 일에 기도와 간구로, 너희 구할 것을 감사함으로 하나님께 아뢰라"(빌 4:4~6).

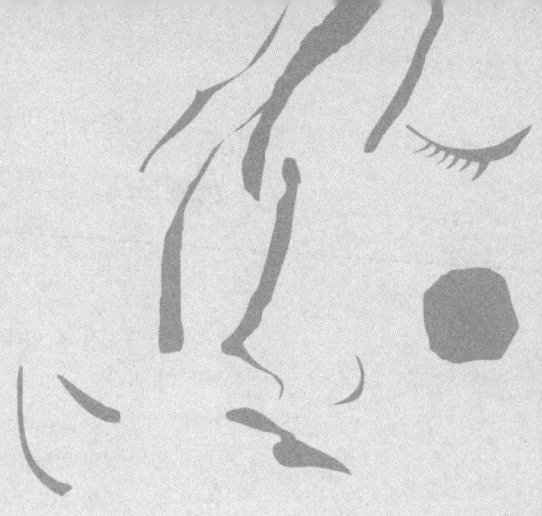

5 예수님처럼 돌보기

| 데이빗 해거 | *David Hager*

사람마다 듣기는 속히 하고 말하기는 더디 하며 성내기도 더디 하라.
-야고보서 1장 19절

의학박사인 나는 온갖 종류의 많은 문제를 안고 찾아오는 다양한 부류의 여자 환자들을 만난다. 이러한 여자들에게서 한 가지 공통점을 발견했다. 그들 모두는 대화를 하고 싶어 한다는 것이다. 환자의 말을 듣는 것은 의사가 되기 위한 핵심요소 중의 하나이다. 왜냐하면 우리는 과학을 통해서가 아니라 불만을 들으면서 대부분의 진단을 내리기 때문이다. 누군가에게 온전히 관심을 받고 있다는 것은 여자에게 있어서 매우 중요하다. 정말 잘 들어 줄 사람이 필요하다.

나의 환자들은 예를 들어 학대, 심각한 분노와 좌절, 출산과 관련한 월경불순, 중독, 피로 그리고 심각한 좌절과 같은 수많은 문제들로 고통을 당하고 있다. 이러한 많은 상황들에는 이 여자들의 이야기를 한 번도 진심으로 들어준 사람이 없었다는 것이다. 그들은 자신의 건강 문제를 길게 얘기하고 싶어서 예약하는 것이다. 또한 자신들의 이야기를 들어줄 누군가를 만나기 위해 상담을 받으러 온다. 여자들은 들어주기를 원하며 진지하게 대우받기를 원한다. 그리고 하나님께서도 여자들을 어떻게 도울 수 있는지 알고 싶어 한다.

몇 해 전 이러한 여자들을 상담하기 위한 방법을 찾으면서 하나님께 방향을 제시해 달라고 기도했었다. 어느 날 밤, 기도하고 있을 때에 하나님께서 이렇게 말씀하셨다. "여자들을 어떻게 다루어야 하는지 성경에서 찾아볼 생각을 해 보았느냐? 예수가 여자들에게 취했던 행동을 찾아 보아라." 성경을 보면 예수님이 여자들을 대하시면서 당시의 모든 문화적 코드를 깨뜨리셨다는 것을 발견할 수 있다. 예수님은 여자들을 향해서 존엄과 존경을 나타내셨고 그것은 그 당시 문화나 그 어디에서도 결코 찾아볼 수 없었다. 그러므로 가부장적 족장제도(patriarchal)가 성경적이라는 말은 이 증거를 무시하는 것이다. 예수님은 여자들을 존중하셨다. 그리고 예수님은 삼위일체 하나님 가운데 한 분이시므로 여자들에 대한 존중은 하나님으로부터 말미암았다.

정원 소유주

나는 정원을 가꾼다. 집의 모든 조경 계획을 세우고 식물이 자라나는 것을 보면 매우 기쁘다. 그래서 성경을 읽다 보면 정원사 모습의 예수님이 자연스럽게 떠오른다. 예수님이 여자들을 다루시는 본을 보여 주셨던 몇 가지 예들이 있다.

첫째, 예수님은 땅을 선택하신다. 정원사가 경작을 시작하기 전에 반드시 특정한 장소를 골라야 한다. 예수님은 당신을 선택하셨고 당신을 그분의 일부가 되도록 부르셨다.

둘째, 정원사는 토양을 준비한다. 씨와 새싹들은 토양이 경작되고 돌과 잡초가 제거되지 않으면 심겨지지 않는다. 이것은 고통스러운 과정이 될 수 있다. 하나님께서 돌을 제거하실 때 내 마음과 삶에 있는 잡초를 뽑으신다. 그 과정에는 아픔이 있으나 토양을 준비하는 것은 매우 중요해서 뿌려진 씨앗이 자랄 수 있는 기회가 된다.

셋째, 경작이다. 정원사가 씨를 심는 것처럼 예수님은 그분의 말씀을 우리의 삶에 심으신다. 예수님은 말씀과 기도로 당신과 관계를 맺으시면서 자신과 일 대 일의 친밀한 관계로 나아가게 한다. 당신의 토양은 척박한가 아니면 비옥한가? 그 토양은 충분히 준비되었는가?

넷째, 하나님은 물을 주시고 기다리시며 우리의 삶에 생명을 주신다. 어떤 정원사들은 정원을 만들어 놓고는 물을 잘 주지 않는다. 그러면 식물은 자라지 않는다. 비료뿐만 아니라 적당한 물도 주면서 기다려야 한다. 하지만 항상 잘 참는 것은 아니다. 우리는 원하는 시간에 하고 싶은 일을 하며 하나님의 시간을 기다리는 것을 싫어한다. 대개 하나님의 시간은 우리가 생각하는 것과 매우 다르지만 그분의 시간은 완벽하다는 것을 기억해야 한다.

마지막으로, 모든 준비가 완벽해지면 풍성한 수확을 누릴 수 있다. 이것이 기쁨의 시간이다! 예수님은 당신 삶의 정원사가 되기를 원하신다. "그러므로 하나님의 능하신 손 아래서 겸손하라. 때가 되면 너희를 높이시리라. 너희 염려를 다 주께 맡겨 버리라 이는 저가 너희를 권고하심이라"(벧전 5:6, 7). 그렇다! 하나님 아버지와 예수님은 당신을 돌보시는 분이시다.

예수님의 사역에서 얻는 교훈

예수님이 사역을 하시는 동안에 여자들에게 영향을 끼치는 몇몇 예화가 있다. 각각의 예화에서 소중한 교훈을 배울 수 있기 때문에 그 예화들 모두 깊이 공부할 만한 가치가 있다.

첫 번째 교훈은 존중이다. 누가복음에는 시몬의 잔치집에 찾아온 한 여인의 이야기가 기록되어 있다(눅 7:36~38). 예수님은 몇몇 제자들과 함께 그 연회에 참석하셨다. 그 여인은 주위에서 돌아다니다가 갑자기 예수님의 발 앞에 엎드렸다. 그때 사람들은 즐거운 시간을 보내고 있었고 감정에 못 이긴 그녀는 예수님의 발을 눈물로 적시며 자기 머리털로 발을 닦아낸다. 이 예화에서 우리는 용서를 구하며 죄를 깊이 뉘우치는 한 여인의 모습뿐만 아니라 대단한 사랑과 헌신을 보여 준 여인의 모습을 볼 수 있다. 당신이 지금 전형적인 종교 지도자가 되었다고 상상해 보라. 만약 어느 창녀가 당신에게 이러한 모습으로 다가왔다면 당신은 약간 화가 났으리라는 생각이 들지 않는가? 그러나 예수님은 이 여인을 깊이 존중하는 마음을 가지셨고 이 순간이 영원토록 중요한 순간이 될 것이라는 것을 알고 계셨다. 사람들은 예수님의 머리에 기름을 발라 주지 않았으며 예수님의 발을 씻어주지도 않았다.

예수님이 다른 사람에 대해 존중하는 모습을 보여 주신 얼마나 훌륭한 예화인가? 예수님이 당신 또한 존중하고 계시다는 것을 알고 있는가? 실제로 그분은 당신의 과거와 상관없이 당신을 존중하신다.

두 번째 교훈은 사랑이다. 마가복음에는 예수님의 사랑을 보여 주는 훌륭한 예화가 나타나는데 바로 야이로의 딸을 고쳐 주시는 장면이다(막 5:35~43). 그런데 이 일이 생기기 바로 전에 예수님은 큰 무리 속을 걸어가시고 계셨는데, 어떤 이가 자신의 옷자락에 손을 대는 일이 있었다.

예수님은 베드로에게 "누가 내게 손을 대었느냐"고 말씀하신다(눅 8:43~48). 베드로는 아마도 웃음이 나왔을 것이다. 그러면서 "당연히 누군가가 예수님께 손을 대었을 것입니다. 무리가 이렇게 에워싸고 있지 않습니까."라고 말했을 것이다. "아니다." 예수님 말씀하셨다. "누군가가 내게 손을 댔다. 내 몸에서 치유의 능력이 나간 것을 느꼈다."(나의 표현이다.) 예수님은 고통 중에 자신을 필요로 했던 사람을 알아보셨다. 그리고 어떻게 반응하셨는가? 화를 내셨는가? "나는 다른 곳에 가 봐야 한다. 지금 죽을지도 모르는 한 어린 소녀를 고쳐 줘야 한다."라고 말씀하셨을까? 아니다! 예수님은 멈추어 서서 군중 사이에 있는 그 여인이 누구인지 물어보셨다. 그분은 그녀에게 모욕을 주거나 비난하지 않으셨고 사랑으로 대하셨다. 그녀는 수년 동안 혈우병을 앓다가 의사에게 재산을 모두 탕진했다. 아무도 그녀를 고치지 못했고 필사적으로 치료받고 싶어 했다.

이 예화에 두 가지 매우 중요한 의미가 있다. 첫째로, 이 여인은 공공장소에 모습을 드러낸 적이 없었다. 그 당시 혈우병에 걸린 여인은 부정하다고 여겨졌기 때문에 두려워서 공공장소에 나갈 수 없었을 것이다. 둘째로, 그녀는 피를 흘리면서 랍비에게 손을 대본 적이 한 번도 없었을 것이다. 왜냐하면 그것은 사람들의 죄에 대해서 죗값을 치르는 것을 중재해 주는 랍비의 신성한 소명을 부정하게 할 것이라고 생각했기 때문이다. 이 여인은 공동체나 교회에서 자신의 평판이나 위치를 잃는 한이 있어도 예수님의 옷자락을 만지는 일을 감행했다. 자신의 모든 것을 걸었던 것이다. 그러나 예수님은 모든 것을 이해하셨다. 그분은 그녀가 스스로 누구인지 밝히게 하셨다. 그렇게 했을 때 그녀의 믿음을 알아보셨고 치유되었다는 애정 어린 확신을 주셨다. 흐르던 피가 멈추는 치유를 받은 그녀는 용서를 받고서 집으로 돌아갔다.

세 번째 교훈은 용서에 관한 것이다. 예수님은 우리 각 사람을 용서해 주실 준비가 되어 있으시다. 여기 간음한 한 여인이 '잡혀 와' 있다(요 8:2~11). 이것은 그녀가 실제로 한 남자와 침상에 함께 있는 것이 발각되어 돌로 쳐 죽임을 당하러 종교 지도자들 앞에 끌려 나온 것을 의미한다. 그들이 예수님께 "이 여자를 어떻게 해야 합니까?"라고 물어보았을 때 어떻게 반응하셨는가? 예수님은 몸을 굽혀서 모래 위에 무엇인가를 쓰셨으나 아무도 그 뜻을 알지 못했다. 예수님은 그 고소인들이 자신들이 말한 비난에 대해 생각할 수 있는 시간을 주셨다.

이 간음의 사례에 있어 당황스러운 부분은 간음으로 잡혀 온 그 남자이다. 그는 왜 책임을 지지 않는가? 거기에는 이중의 잣대가 존재하며 그것은 오늘날에도 여전히 존재한다. 우리는 불륜에 연루된 여자의 경우를 남자보다 훨씬 더 비난하는 경향이 있다. 그러한 이유 중의 하나는 남자가 여자에게 충실하지 못한 것이 사회에서는 좀 더 용인될 수 있다고 생각하는 듯하다. 그러나 예수님은 그렇게 보지 않았다. 예수님은 그녀의 성적인 죄뿐만 아니라 그들의 판단의 죄를 아셨다. 예수님은 항상 마음을 직시하신다. 그분은 이 여인이 잘못한 것을 아셨고 죄를 지은 것을 아셨다. 하지만 그녀는 용서받고 싶어 했다. 그래서 예수님은 이렇게 말했다. "너희 중에 죄 없는 자가 먼저 돌로 치라"(요 8:7). 그들은 그 말씀을 듣고 모두 순식간에 자리를 떠났다. 나이가 많은 사람부터 먼저 떠나갔는데 그들은 고백할 죄가 더 많기 때문이다. 그리고 나서 예수님은 홀로 서 있는 그 여인을 돌아보며 이렇게 말씀하셨다. "가서 이제부터 다시는 죄를 짓지 말아라."

네 번째 교훈은 소통에 있다. 요한복음에 개인적으로 가장 좋아하는 우물가의 여인 예화가 있다(요 4:5~42). 과거가 복잡한 한 여인이 우물가로 물을 뜨러 왔다. 이 예화가 흥미로운 것은 예수님은 유대인들이 싫어하는 땅, 사마리아를 통과하시지 않아도 되었다는 사실이다. 그러나 그곳을 지나셨다. 예수님은 사마리아로 돌아서 가셨기 때문에 야곱의 우물에 다다를 수가 있었다.

그리고 이제 제자들은 피곤하고 배가 고파서 물과 음식을 구하는 일에 분주했다. 예수님이 우물가 옆에 계실 때 한 여인이 우물가로 다가왔다. 예수님은 그녀에게 물을 좀 달라고 하셨다. 그녀는 남자가 그녀에게 말을 했다는 것에 매우 놀랐다. 게다가 그는 유대인이었다. 이 날 그 여인과 예수님의 만남은 운명이었다. 이 여자를 만나는 것은 매우 중요했다. 왜냐하면 그녀의 개인적인 죄를 용서하는 것은 전체 그림의 일부였기 때문이다. 그 공동체에 용서가 필요했고 예수님은 이 여인이 사람들에게 복음을 전하는 자가 될 것을 아셨다. 그래서 어떻게 하셨는가? 그녀에게 진리를 전하셨다.

소통, 그것은 여자들이 가장 원하는 것이지만 배우자와 가장 못하는 것이기도 하다. 소통은 친밀함의 시작이다. 불행히도 대부분의 남자들은 섹스가 친밀함의 시작이라고 생각한다. 하지만 친밀함은 소통의 상호작용으로 시작된다.

기꺼이 귀를 기울이려는 것 이상으로 헌신과 관심과 진정한 사랑을 표현할 수 있는 것이 무엇이 있겠는가? 그리고 경청하는 사람이 되기 위해서 필요한 것은 정확히 무엇일까? 우리는 타인에게 모든 주의를 기울여야 한다. 상대방의 이야기를 잘 듣기 위해서는 자신의 관심을 기꺼이 제쳐 놓아야 한다.

나의 경우에는 기도와 성령이 주시는 도움이 없이는 불가능하며 어느 정도의 겸손함을 필요로 한다. 내가 시간을 들여서 상대방의 이야기를 듣지 않는데 배우자와 무엇을 소통하겠는가? 움츠림, 분리, 무관심, 경멸, 적의 등을 나타내고 있는 것이다. 이 중에서 사랑을 나타내는 것은 아무것도 없다. 예수님이 여자들에게 어떻게 관심을 표현했는지를 살펴보면, 그 주요 방법 중의 하나가 듣고 말하면서 그들과 상호작용을 하는 것이었다. 예수님의 행동과 말씀은 언제나 "너는 나와 상관이 있다. 너는 내게 중요하다."라는 뜻을 나타낸다.

결혼생활에 있어서 부부들은 '점멸(on-off) 스위치'라고도 하는 밀고 당기는 리듬을 발전시킨다. 섹스가 '점멸(on-off) 스위치'라는 어리석은 생각을 하지 마라. 오히려 만족스러운 섹스는 부부 사이에 의사소통이 잘 이루어진 후에 즐길 수 있다. 부부의 생각과 마음이 통해야 그 기쁨을 느낄 수 있다. 불행하게도 우리의 문화는 개인주의를 상당히 장려하고 있으며 '나 먼저'의 개인주의가 사회 모든 분야로 퍼져 나가고 있다. 사람들은 관심이 시들해질 때까지는 사랑하는 사람과 지내다가 자신을 훨씬 더 사로잡는 사람이 생기면 관심을 그에게로 옮긴다.

수년 전, 어느 텔레비전 프로그램에 한 부부가 나왔는데 그들의 맹세는 상당히 혁신적이었다. 그들은 '죽음이 우리를 갈라 놓을 때까지'라고 말하는 대신 '사랑이 우리를 갈라 놓을 때까지'라고 말했다. 그러나 그리스도인들은 더 많은 헌신을 하려고 애쓴다. 그리고 내가 배우자에게 귀를 기울이고 배우자가 나에게 기꺼이 귀를 기울일 때 우리의 약속은 좋고 싫은 단계를 초월하여 영원히 지속될 것이다. 생명이 지속되는 한 계속될 것이다. 우리는 자신과 평생 동안 약속을 하는 것이다.

성경적 문화에서는 애정을 소중히 여긴다. 실제로 성경은 우리에게 "사람이 부모를 떠나 그 아내와 합하여."(엡 5:31)라고 말한다. 또한 우리가 평생토록 배우자 곁에 남아야 한다고 말한다(고전 7:10, 39). 그것이 바로 결혼에 있어서 없어서는 안 될 헌신이다. 즉, 죽음이 두 사람을 갈라 놓을 때까지 그 헌신은 지속되어야 한다(마 19:4~6).

이렇게 당신이 배우자에게 완전히 집중하여 이야기를 들어주는 것이 애정이 넘치는 배려의 선물을 주는 것과 같다고 생각해 보라. 여기서 조금 더 구체적이어야 한다. 아내가 남편에게 "나는 당신의 이야기를 관심 있게 듣고 있어요." 하는 말처럼 듣는 기술을 어떻게 시작할 것인지 생각해 보자. 우리의 주제가 비록 예수님과 여자들에게 초점을 맞추고 있지만, 그분은 여자들을 사랑하셨던 것과 똑같이 모든 사람들을 불쌍히 여기며 애정 어린 마음으로 사랑하셨다. 그러므로 잘 듣고 관계를 발전시킬 수 있는 기술을 몇 가지 더 생각해 보자.

듣는 것은 상당한 겸손을 필요로 한다. 당신이 더 많은 이야기를 할 수 있지만 그보다 덜 이야기함으로써 하나님께서 모든 것을 하시도록 하는 것이다. 예전에 누군가가 어느 그리스도의 종을 묘사하기를, 하나님께서 더 많은 일을 하시도록 무엇이든 기꺼이 덜 하려는 사람이라고 했다. 종에 대한 훌륭한 개념이지 않은가? 성령께서 그분의 일을 하시도록 우리는 겸손한 위치를 받아들여야 한다. 그리고 당신의 배우자에게 귀를 기울이는 것만큼 적합한 것은 없다.

우리가 첫 번째 해야 할 일은 들을 준비를 하는 것인데 그것은 가만히 있는 것이다. 성경에서는 어떻게 말씀하시는가? "너희는 가만히 있어 내가 하나님 됨을 알지어다"(시 46:10). 다른 사람에게 집중하는 것은 '나는 당신에게 관심을 갖고 있다.'라고 전하는 것이다. 때때로 화가 나거나 죄책감이 들어서 서로의 눈을 바라보는 것이 어렵더라도 우리는 눈을 맞추는 관계로 발전시켜야 한다. 눈과 눈을 바라본 후에 당신이 잘못한 것을 고백하고 상대방의 이야기를 들을 수 있도록 당신의 생각과 마음을 열라. 상대방이 말하도록 하라. 비록 배우자를 이해할 수 없을지라도 그가 말하게 하라. 당신 남편의 이야기를 조용히 들어 보라. 그가 자신의 감정을 나눌 때 가만히 있어라. 그렇게 하면서 "당신은 내게 소중해요."라고 말하라.

일단 당신이 배우자의 말을 주의 깊게 들으면 그는 당신이 말할 때를 준비하게 된다. 예를 들면 '나'라는 메시지로 전하는 것이 매우 중요한데 다음과 같이 말하는 것이다. "당신이 이걸 말했을 때, 나는 그런 느낌이었어요." 혹은 "난 당신이 아이들에게 화가 난다고 말한 것을 들었어요." 당신이 그 문제를 이해하고 있다는 것을 알리기 위해 배우자에게 당신이 들은 것을 반복해서 말하라. 그리고 당신이 듣고 말한 후에 함께 기도하라. 성령의 임재 속에서 어떤 합의를 하라. 그 문제에 대하여 하나님의 권고를 얻을 수 있도록 말씀을 찾으라. 어쩌면 당신은 그 문제를 제쳐 두고 나중에 애기할 수도 있다. 혹은 다른 의견들을 그대로 두되 그것에 대해서는 더 이상 다투지 않기로 동의할 수도 있다. 차이를 조절할 수 있는

규칙이 정해져 있는 것은 아니다. 하지만 배우자가 상대방에게 줄 수 있는 가장 사랑이 담긴 선물은 서로에게 집중하는 것이다. 이것에 대해서 우물가의 여인과 예수님의 예화는 우리 모두에게 공감을 줄 것이다(요 4:1~42).

지금 시대에 그 사마리아 여인은 우리가 비난하는 사람일 수 있다. 우리는 그녀에게 사랑으로 다가가기보다는 잘못을 지적할지도 모른다. 하지만 예수님은 어떻게 하셨는가? 그분은 그녀와 말씀하실 정도로 그녀를 사랑하셨고 이야기를 들으셨다. 예수님은 그녀를 인격적으로 인정하셨고 그 후에 가르치셨다. 우리도 이와 같은 방식으로 해야 한다. 상대방이 우리의 이야기를 들어줄 때, 상대방이 나에게 틀린 것을 고쳐 주거나 제안하려는 것에 대해 들으려고 할 것이다.

예수님은 사마리아 여인과 소통하는 방법을 알고 계셨다. 두 사람 사이의 벽을 허무시고 그녀가 누구인지를 알아내셨다. 실제로 예수님은 그녀만이 아는 사실들을 말씀하셨다. 그녀는 깊은 감동을 받아 자신의 마을로 뛰어갔다. 그녀는 마을 사람들에게 예수님이 메시아라고 말을 했고 결국에는 마을 전체를 예수님께로 인도했다. 그 후 예수님과 제자들은 사마리아에 이틀을 더 머무셨고 마을의 많은 사람들을 천국으로 이끄셨다는 것을 알 수 있다. 아이러니하게도 과거에 더러운 죄를 지었던 한 여인이 전도자가 되어 많은 사람들을 그리스도께 데려 온 것이다.

사마리아 여인 외에 또 누가복음 8장에는 막달라 마리아, 요안나 그리고 수산나가 나오는데 그들은 예수님을 지지하는 사람들이 되었다. 예수님은 오늘날에도 변함이 없으시다. 우리들이 자신의 지지자가 되기를 바라신다. 우리는 사회와 교회를 가부장적으로 생각할 필요가 없다. 예수님은 하나님의 교회와 그분의 나라를 확장하는 사역에 여자들이 동참하기를 원하신다.

예수님이 우리에게 가르쳐 준 또 하나의 중요한 교훈은 긍휼히 여기는 마음이다. 예수님은 종종 전통을 깨셨고 현상을 중요하게 보지 않으셨다. 이것에 관한 가장 좋은 예화는 누가복음 7장 11~15절에서 찾을 수 있다. 예수님은 장례행렬을 멈추고, 그 죽은 외아들의 어머니에게 말씀하셨다.

아들을 잃은 유대인 과부는 이제 자신을 부양해 줄 남편과 아들을 모두 잃었기 때문에 망연자실했다. 그러나 예수님은 이 가슴 아파하는 여인을 긍휼히 여기며 장례행렬을 멈추시고는 그 죽은 아들에게 손을 대셨다. 이것은 유대인 관습에서 유례가 없는 일이었다. 왜냐하면 유대인들은 시체로 인해 불경하게 되는 것을 두려워했기 때문이다. 하지만 예수님은 그 아들에게 일어나라고 말씀하셨다. 그 아들은 일어나 앉아서 말을 하기 시작했고 그 어머니에게 돌아갔다.

예수님은 우리의 슬픔을 알고 계신다. 당신이 아이를 잃었을 수도 있고 유산했거나 불임일 수도 있다. 어쩌면 당신은 병 때문에 오래 살지 못한다는 말을 들었을지도 모른다. 문제가 무엇이든 간에 예수님은 당신의 슬픔을 알고 계신다. 예수님의 팔은 넓게 열려 있으며 긍휼과 자비와 은혜로 당신에게 손을 대신다.

또한 예수님은 늙는 것에 대해서 말씀하셨다. 그분은 나이를 먹는 것의 문제를 알고 계셔서 분명하게 말씀하신다(눅 13:10~13). 예수님은 수많은 군중들이 모인 회당에서 그들을 가르치고 계셨다. 갑자기 예수님은 말씀하시다가 18년 동안 허리가 굽어서 몸을 펼 수 없는, 골다공증일지 모르는 한 나이 많은 여인을 보셨다. 예수님은 그 여인을 불러내서 고쳐 주셨고 그녀는 곧 허리를 폈다. 하나님은 나이 든 사람들의 문제를 알고 계신다. 예수님은 그들을 버리지 않으시며 그들의 필요가 신체적이든, 감정적이든, 영적이든 여전히 그 필요를 채워 주려고 하신다.

예수님은 치유의 주님이시다. 예수님은 3년 동안 사역을 하면서 많은 사람들을 치유하셨다. 이미 숨을 거둔 야이로의 딸의 경우에도 이렇게 말씀하신다. "아니다. 아이가 자고 있다. 믿음을 가져라."(나의 표현이다.) 그리고 예수님은 베드로와 요한과 야고보를 데리고 들어가서 이 어린 소녀를 죽음에서 살리셨다. 또는 심한 열병을 앓고 있던 베드로의 장모에 관한 이야기를 생각해 보자(눅

4:38, 39). 놀랍게도 베드로의 장모는 기적적으로 치유를 받았고 자리에서 일어나 예수님과 제자들에게 식사를 대접했다. 치유가 섬김을 낳았다고 생각한다.

나의 어머니는 결장암으로 투병하셨다. 당연히 어머니를 위하여 기도했고 어머니가 치유를 경험하셨다고 진심으로 믿는다. 왜냐하면 어머니는 결장암에 걸린 사람들보다도 오래 사셨기 때문이다. 어머니는 처음에 진단을 받으신 후에 5년 가까이 더 사셨고 그 시간 동안 교회와 여자들의 모임을 계속해서 섬기시고 가족을 돌보셨다. 당신이나 사랑하는 사람이 치유를 받았던 경험이 있다면 거기에는 분명한 이유가 있으며 그분을 계속해서 섬기기를 기대하시는 것이다.

여자를 돌보는 것

여자들은 어떤 대우를 받고 싶어 하는가? 또한 어떠한 대우를 받을 자격이 있는가? 당신은 존중받을 만한 사람이며 사랑받을 자격이 있다. 또한 당신은 용서받을 자격이 있으며 소통할 수 있는 자격이 있다. 하나님께서는 당신이 다른 사람들과 함께 사역에 동참하기를 간절히 원하신다. 당신 역시 긍휼히 여김을 받고 싶고 치유의 경험을 얻고 싶어 한다.

남자는 지금까지 우리가 이야기해 왔던 모든 방법으로 아내나 여자 친구 또는 친척들을 섬기도록 부름을 받았다. 예수님의 예화는 모든 남자들이 여자를 돌보는 방향을 정하신 것이다. 이것이 남자들이 여자를 다루는 방법이다.

"그러므로 하나님의 능하신 손 아래서 겸손하라. 때가 되면 너희를 높이시리라 너의 염려를 다 주께 맡겨버리라 이는 저가 너희를 권고하심이로다"(벧전 5:6, 7). 이 말씀은 바로 당신을 향한 하나님의 약속이다.

왜냐하면 하나님은 당신을 돌보시기 때문이다. 로마서 1장 6절은 "하나님께서는 당신을 너무나 사랑하셔서 당신을 그의 거룩한 백성으로 부르셨다."(나의 표현이다.)고 말씀하신다. 예수님은 당신을 사랑하시고 당신을 돌보시며 당신과 일 대 일로 관계를 맺고 싶어 하신다. 예수님은 당신 생각 속에 있는 최고의 관심을 알고 계신다. 여자에게 있어 그리스도와의 영적 여정보다, 그 둘 사이의 발전된 관계보다 더 친밀한 것은 없을 것이다.

명심하라. 하나님은 당신을 소유하려고 나타나신 것이 아니다. 하나님은 인간이신 예수 그리스도를 통해서, 성령의 권능을 통해서 당신을 사랑하신다. 예수님의 사랑은 끝이 없으며, 그 누구도 채워 줄 수 없는 당신의 필요를 채워 주실 것이다. 나는 예수님께서 정말 당신을 돌보고 계시다는 것을 믿도록 격려하고 싶다. 어떤 인간관계도 당신이 지닌 깊은 영혼의 필요를 채워 줄 수 없다. 당신의 노력과는 상관없이 사람과의 관계는 그것에 견줄 수 없다. 어떤 남편도 아내의 그러한 필요를 충족시킬 수 없다. 오직 예수님만이 그렇게 하실 수 있다. 그리고 그것이 바로 하나님께서 원하시는 것이다.

|영|감|을|주|는|구|절|

"우리가 아직 연약할 때에 기약대로 그리스도께서 경건치 않은 자를 위하여 죽으셨도다 의인을 위하여 죽는 자가 쉽지 않고 선인을 위하여 용감히 죽는 자가 혹 있거니와 우리가 아직 죄인되었을 때에 그리스도께서 우리를 위하여 죽으심으로 하나님께서 우리에게 대한 자기의 사랑을 확증하셨느니라"(롬 5:6~8).

"너는 두려워 말라 내가 너를 구속하였고 내가 너를 지명하여 불렀나니 너는 내 것이라"(사 43:1).

"나 여호와가 의로 너를 불렀은즉 내가 네 손을 잡아 너를 보호하며"(사 42:6).

"하나님이 세상을 이처럼 사랑하사 독생자를 주셨으니 이는 저를 믿는 자마다 멸망치 않고 영생을 얻게 하려 하심이니라"(요 3:16).

"너희가 사랑 가운데서 뿌리가 박히고 터가 굳어져서 능히 모든 성도와 함께 지식에 넘치는 그리스도의 사랑을 알아 그 넓이와 길이와 높이와 깊이가 어떠함을 깨달아"(엡 3:17, 18).

"주의 약속은 어떤 이의 더디다고 생각하는 것같이 더딘 것이 아니라 오직 너희를 대하여 오래 참으사 아무도 멸망치 않고 다 회개하기에 이르기를 원하시느니라"(벧후 3:9).

6 하나 되어 살아가기

| 델마 웰즈 | *Thelma Wells*

이제 인내와 안위의 하나님이 너희로
그리스도 예수를 본받아 서로 뜻이 같게 하여 주사
- 로마서 15장 5절

머리를 빗거나 양치질을 하면서 거울 앞에 서 있는데 어떤 생각이 갑자기 떠오른 경험이 있었는가? 얼마 전에 내게도 그런 일이 있었다. 바로 작년 초였는데 한 해 동안 하나님께서 내가 어떤 것에 초점을 맞추기를 원하시는지를 점검하던 때였다. 내 일들을 생각하면서 거울 앞에 서 있었는데 그때 갑자기 주님께서 내 영혼에 한 단어를 주셨다. 그것은 하나 됨(unity)이었다.

"주님, 하나 됨이요? 하나 됨이라니요?"라고 주님께 물어보았다. "하나 됨이라는 것은 한마음으로 조화를 이룬다는 것이잖아요. 그런데 주님, 도대체 무슨 뜻이죠? 개인들이 한마음을 가져야 한다는 것인가요? 가족 간의 화합을 말씀하시는 건가요? 교회의 연합을 말씀하시는 건가요?"

하나님은 그때 이후로 한 마디 말씀도 없으셨다. 하지만 하나 됨에 대한 생각에 너무나 감화되어서 성경에 나온 하나 됨을 공부하기 시작했다. 드디어 하나님의 응답을 발견했다. 당신은 하나님께서 우리에게 원하시는 것을 알고 있다. 그분은 우리가 그리스도의 몸 안에서 하나 됨의 의미를 찾기를 원하신다. 성경을 처음부터 끝까지 조사하고 연구한 끝에, 우리가 자신과 하나가 되지 못하고 가족과 하나가 되지 못하는 한 그리스도의 몸 안에서 하나가 될 수 없다는 것을 알게 되었다. 연구하고 조사하는 가운데 베론

에쉬(Veron Ashe) 대주교가 한 말을 들었는데 그것은 바로 하나됨의 영역에서 하나님께서 내게 원하시는 것이었다. 그것을 나중에야 깨닫게 되었다. 그 주교는 상당히 적절하게 표현했다. 즉, "우리가 사람을 육체 대 육체로 볼 때, 우리는 사람을 혼란 대 혼란으로 본다."

그 말을 듣자마자 그가 핵심을 알고 있다고 생각했다. 이제 나와 함께 그 핵심을 발견해 보자.

나는 20년이 넘는 동안 기업에서 문화의 다양성에 대해서 가르치고 있다. 그 내용은 우리가 사람을 처음 만날 때 6~8초 내에 발생하는 일들에 관해서이다. 물론 사람을 처음 만나는 순간 어떤 일이 일어나는지에 대해서 당신도 잘 알고 있다. 누군가를 만날 때 처음 6~8초 내에 이 사람을 계속 만날 것인지 아닌지를 결정하게 된다.

솔직해지자. 당신도 그것을 알고 있다. 당신은 그가 무엇을 입었는지를 본다. 만약 그가 좋은 캐시미어 코트를 입지 않았거나 립스틱의 색조가 이상하거나 혹은 머리 모양이 당신이 생각하는 기준에 미치지 않으면 잠시 후도 아닌 즉시 그 사람과 관계를 맺을지 말지를 결정한다. 우리는 심지어 눈 마주침, 얼굴의 표현, 서로 악수하는 방법 또는 삶의 지위 같은 것들로 재빠르게 평가하기도 한다. 우리는 그렇게 생각한다. 왜냐하면 나 자신도 그렇게 해왔기 때문이다.

그다지 자랑스럽지 않은 이야기를 하나 하려고 한다. 10년 전 겪었던 이 경험을 통해서 내 안에 있는 하나 됨에 대해서 중요한 것을 발견했다.

어느 날 댈러스 시내에 있는 사무실에서 나와 걸어가고 있었다. 그때 나는 은행원이어서 정장을 입고 있었다. 나는 크고 멋진 고층 건물에서 나와서 걷고 있다가 허름한 옷을 입은 한 여자가 내 쪽으로 걸어오고 있는 것을 보았다. 그녀는 낡고 해진 옷을 입었는데 더럽기까지 했다. 그 여자는 내게 "부인, 동전 하나 주실 수 있으세요?"라고 물어보았다. 나는 한 번도 하지 않았던 일을 했다. 그 여자를 향해서 분명하게 이렇게 말했다. "아니요, 동전 없어요." 그리고 그녀를 경멸하듯이 쳐다보았다. 내가 그렇게 하자마자 성령께서 나를 변화시키셨고 그 여자에게 돌아서서 이렇게 말하게 하셨다. "부인, 미안해요." 그녀는 이미 거리를 지나가고 있었다. "동전이 왜 필요한데요?"

그녀는 돌아서면서 조용히 말했다. "버스를 타야 하거든요."

"거짓말해서 미안해요." 그녀에게 말했다. 그리고 내 정장 주머니 안에 잔돈을 모두 그녀에게 주었다.

나는 눈물을 글썽이며 그녀가 거리를 가로질러 걸어가는 것을 지켜보다가 차에 앉았다. 그리고 이렇게 말했다. "델마, 도대체 왜 이러는 거야? 왜 그 여자를 무시했지? 동전을 주고 싶지 않더라도 그렇게 추한 행동을 하다니! 그렇게 멸시하며 말할 필요까지는 없었잖아. 그녀를 하찮은 사람처럼 대할 필요는 없었다구!'

 그것은 내게 있어서 눈이 번쩍 뜨이는 진정한 경험이었다. 왜냐하면 그 일이 있기 전까지 내가 꽤 훌륭하고 친절하며 괜찮은 그리스도인이라고 생각했었기 때문이다. 그런데 어떻게 그런 일이 일어났을까? 이 경험을 통해 내 안에 정말 무엇이 있는지를 알게 되었다. 그 여자에게 했던 나의 '너무도 추한' 마음이 내 안에 없었다면 그런 행동을 하지 않았을 것이다. 이 일로 인해 중요한 것을 깨달았다. 그리고 "델마, 너는 네가 스스로 얼마나 좋은 사람이라고 생각하는지는 상관없다. 네게는 버려야 할 편견과 선입견이 있다!"라며 내 안에서 들리는 음성을 이해하는 데 도움이 되었다.

 그날 이후로 그러한 편견들을 바로 고치고 선입견을 없애며 조건을 정하지 않으려고 노력한다. 그리고 그것을 고치기까지 수많은 시간이 걸렸다. 가끔 실수하기도 하지만 그 경험은 내 마음에 지울 수 없는 인상을 주었다. 마침내 올바른 길을 갈 수 있는 방법을 하나 알아냈다. 그래서 지금은 사람을 만날 때, 그들을 '육체 대 육체'로 보지 않으려고 한다. 그렇게 되면 '혼란 대 혼란'으로 그들을 보게 되기 때문이다. 그 대신 그들의 영혼을 '영혼 대 영혼'으로 보려고 노력한다.

외관상 육체를 초월해서 보는 것, 즉 혼란스러움을 초월해서 보는 것이 쉬운 작업은 아니다. 또한 그 사람의 영혼이 어떠한지를 발견하는 것도 쉽지 않다. 그것을 내 힘으로 할 수 없다는 것을 너무도 잘 알고 있다. 나는 "델마, 너는 영혼 대 영혼으로 보게 될 거야."라고 온전히 말할 수 없음을 안다. 또한 내 자신이 완전히 달라질 것이라고 기대하지도 않는다. 나는 도움이 필요하며 나를 도와줄 수 있는 세 가지가 있는데 그것은 사랑, 성령 그리고 하나님이다. 이 세 가지의 도움으로 당신과 나는 그리스도의 몸 안에서 하나 됨을 찾게 될 것이다.

서로 사랑하라

내가 말하고 싶은 첫 번째 성경말씀은 요한복음이다(나는 요한을 매우 좋아한다. 요한은 이 논지의 핵심을 알고 있다). "새 계명을 너희에게 주노니 서로 사랑하라 내가 너희를 사랑한 것같이 너희도 서로 사랑하라 너희가 서로 사랑하면 이로써 모든 사람이 너희가 내 제자인 줄 알리라"(요 13:34).

"서로 사랑하라"라는 말이 이 구절에서 몇 번 나왔는지 살펴보자. 예수님은 "서로 사랑하라"고 한 번 말씀하신다. 그 다음에 말씀하시기를, "내가 너희를 사랑한 것같이…서로 사랑하라." 예수님은 두 번 말씀하신다. 그리고 예수님은 이렇게 끝을 맺으신다. "너희가 서로 사랑하면 너희가 내 제자인 줄 알리라." 예수님은 또 세 번 말씀하셨다. 이것은 마치 "하나님을 한 번 사랑하고, 그 아들을 두 번 사랑하고, 성령을 세 번 사랑하라."고 말씀하신 것처럼 느껴진다. 바로 그곳에 서로를 사랑하는 하나 됨이 있다. 그리스도의 몸 안에서 하나 됨, 당신의 영혼 속의 하나 됨 그리고 당신의 가정에서 하나 됨은 하나님의 완전하고 말로 표현할 수 없는 무조건적인 사랑을 통해서만 경험될 수 있다.

대부분의 사람들이 서로 사랑하지 않는다고 생각한다. 왜냐하면 자기 자신부터 어떻게 사랑해야 하는지 모르기 때문이다. 최근에 개인적으로 또는 이메일로 이야기했던 많은 여자들은 스스로를 사랑하는 데 문제가 있었다. 그들은 스스로가 사랑받을 가치가 없다고 생각한다. 그들은 과거에 있었던 좋지 않은 일을 했던 것을 내게 말했다. 또한 '내가 이렇게 엉망으로 지냈는데 하나님께서 어떻게 나를 용서하시고 사랑하실 수 있을까?' 라고 생각한다.

대부분의 사람들은 사랑받을 가치가 없고 외모가 못생겼으며 어떤 일도 잘 하지 못한다는 말을 들으며 살아왔다. 주변 환경들은 '나는 가치가 없는 사람이다.' 라고 느끼게 만든다. 그러나 그것은 사실이 아니다. 하나님의 사랑을 받을 가치가 없는 사람은 없다. 모든 사람들은 하나님께 사랑을 받을 수 있고 또한 그 사랑을 지금

받고 있다.

드와이트 톰슨(Dwight Thompson)은 이렇게 말했다. "하나님께서 당신을 조금 더 혹은 조금 덜 사랑하시도록 당신이 할 수 있는 일은 그 이상도 이하도 없다." 나는 이 말에 사로잡혔다. 하나님께서는 당신을 사랑하시는 것보다 나를 더 사랑하지는 않으신다. 하나님께서 특별히 더 사랑하시는 사람은 없다. 이 사실이 너무 행복해서 견딜 수가 없다! 그러므로 하나가 되기 위하여, 일치되기 위하여, 그리고 한마음을 갖기 위하여 첫 번째로 우리가 해야 할 일은 바로 그리스도 안에서 내가 누구인가를 아는 것이다.

당신은 누구인가? 그것은 바로 지금 자신에게 물어보아야 할 질문이다. 나는 누구인가? 당신은 육체적이기 전에 영적인 존재이다. 당신은 세상이 창조되기 전에 이미 하나님의 마음에 존재하고 있었다는 것을 알고 있는가? 나는 천국에서 영혼들—당신의 영혼, 나의 영혼, 모든 이의 영혼—이 있는 거대한 창고를 갖고 계신 하나님을 상상해 본다. 세상이 창조되기 전, 우주에 별들이 존재하기 전에, 달이 제자리에 있기 전, 풀이 녹색이 되기 전, 황소들이 갈색이 되기 전, 흰 우유를 생산하기 전에, 당신은 하나님의 마음속에 이미 존재했다. 그리고 하나님은 당신의 생일에 당신을 하늘에서 내려 보내셔서 이 땅에 살도록 특별한 시간을 만드셨다. 그리고 당신이 예수 그리스도가 하나님이심을 믿기로 할 때, 그분과 함께 살

수 있는 천국으로 돌아올 수 있는 기회를 주셨다.

성경은 우리가 육체이기 전에 영적인 존재라고 말한다(시 139:13~16).

> 주께서 내 장부를 지으시며
> 나의 모태에서 나를 조직하셨나이다
> 내가 주께 감사하오음은 나를 지으심이 신묘막측하심이라
> 주의 행사가 기이함을 내 영혼이 잘 아나이다
> 내가 은밀한 데서 지음을 받고
> 땅의 깊은 곳에서 기이하게 지음을 받은 때에
> 나의 형체가 주의 앞에 숨기우지 못하였나이다
> 내 형질이 이루기 전에 주의 눈이 보셨으며
> 나를 위하여 정한 날이 하나도 되기 전에
> 주의 책에 다 기록이 되었나이다

이제 이 시편이 말씀하고 있는 것을 설명하려고 한다. 나는 세 명의 훌륭한 자녀와 다섯 명의 손자들이 있는데, 세상이 창조되기 전에 하나님은 내게 그 세 아이들과 다섯 명의 손자들이 있을 것을 알고 계셨다. 하나님께서 내게 행하셨던 일을 말하려 한다. 하나님은 여자의 난자를 수정시켜 임신하게 하신다. 수정이 이루어지자

마자 하나님의 영이 그 여인 속에 자리하게 된다. 아홉 달 동안 하나님은 그분의 영과 신비한 뜨개바늘로 기관과 조직, 피, 피부, 눈, 코, 귀와 손을 모두 만들어 내신다.

하나님께서는 그것을 모두 완벽하게 만드시며 이 땅에서 우리가 바라는 것들을 이루기 위하여 필요한 것들을 공급해 주신다. 아담을 창조하실 때에 하나님께서는 그 영에 생명의 기운을 불어넣으셨으며 그 영혼은 생명체가 되었다. 아기는 9개월이 지나면 울음을 터뜨린다. 그것은 살아 있는 생명체이다. 그러나 그 영혼은 이 땅에서 살기 위하여 하늘에서 온 것이며 그 영혼에 대하여 이미 정하신 계획은 창조주에게로 돌아가는 것이다. 예수 그리스도께로 돌아가는 것이다.

우리의 영혼은 육체 안에서 자신을 감시하고 지배한다. 때때로 우리의 영혼이 부정적으로 지배하기도 하고 긍정적으로 지배하기도 한다. 부정적인 지배는 우리에게 있는 육체, 죄 많은 본성 또는 육체의 본능에서 말미암는 것이다. 긍정적인 지배는 예수 그리스도를 영접하든, 하지 않든 모든 사람들이 갖고 있는 하나님의 영으로부터 비롯된다.

우리 모두에게는 그 영이 있다. 어떤 사람들은 그것을 마음이라고 부르지만 그리스도의 몸으로 선택받은 이래로 내 영혼을 성령이라고 부른다. 우리가 사람들을 '영혼 대 영혼'으로 보게 되면 하나님께서 그들을 만드셨다는 것을 알게 된다. 모든 사람들이 바로 당신과 나처럼 하나님께서 '오묘하고 놀랍게' 빚으신 사람들이라는 것을 알게 된다.

우리가 하나님은 사랑이시라는 것과 하나님의 사랑은 무조건적이라는 것을, 하나님께서 우리 모두를 그분의 형상대로 만드시고 그분의 영으로 우리를 채워 주셨다는 것을 알게 된다면, 우리는 사람들을 단지 '육체 대 육체'로 보기보다는 '영혼 대 영혼'으로 볼 수 있을 것이다.

우리 집 벽에 있는 액자에는 '사랑은 조건 없이 받아들이는 것이다.'라는 글이 써 있다. 우리는 사람들을 만날 때 그 사람들을 받아들일 수 있고 사랑할 수 있다. 당장 그들을 꼭 사랑해야 하는 것도 아니고 좋아해야 하는 것 또한 아니다.—나는 몇몇 사람들을 사랑하지만 그들이 하는 일은 좋아하지 않는다. 하지만 그들을 통하여 하나님께서 각 사람들을 소중한 사람으로 만드셨다는 것을 안다. 그리고 하나님의 나라에 갈 때까지 그들을 사랑하려고 한다. 그것이 바로 교회의 하나 됨이고, 가정의 하나 됨이며, 당신 자신과의 하나 됨을 의미한다.—하나님께서 사랑하시듯이 당신 안에 사랑을 지니는 것이다.

그러나 하나님께서 조건 없이 사람들을 사랑하시듯 우리가 그들을 사랑한다는 것은 쉽지 않다. 왜 그런가? 왜냐하면 세상에는 '영향을 받는 사람들'과 '영향을 주는 사람들'이 있기 때문이다. 그것이 바로 조금 전 예로 들었던 수년 전 거리에서 그 여자를 만났을 때 내게 나타났던 일이었다. 그 여자를 내 기준으로 생각하고 판단했던 것이다. 예를 들면, 직장을 구해요, 목욕을 해요, 도대체 뭐가 문제인 거예요? 그녀를 보았을 때 내 머리 속에서는 그런 모든 생각이 스쳐갔다. 불행히도 그녀를 '영혼 대 영혼'이 아니라 '육체 대 육체'로 보고 있었다.

그리스도의 몸으로 진정한 하나 됨을 이룰 것에 어떻게 손을 댈 수 있을까? 구체적으로 할 수 있는 것은 무엇이 있을까?

새로운 사람

우리가 첫 번째 해야 할 일은 그리스도 안에서 새롭게 태어나는 것이다. 로마서에는 구원의 간단한 계획이 담겨 있다. "네가 만일 네 입으로 예수를 주로 시인하며 또 하나님께서 그를 죽은 자 가운데서 살리신 것을 네 마음에 믿으면 구원을 얻으리니"(롬 10:9).

이것은 너무 진부하고, 간단해서 많은 사람들이 놓친다. 사람들은 이렇게 말한다. "나는 예수님 앞에 나오기 전에 내 삶을 잘 정리 해야겠어요." 그러면 나는 그들에게 말한다. "당신은 혼자서 삶을 잘 정리할 수 없어요. 당신은 그렇게 영리하거나 똑똑하지 않아요."

누군가가 말하기를, "나는 파티에도 가고 싶고, 즐기고 싶어서 아직 준비가 안 되었어요. 내가 만약 그리스도께 내 삶을 드리면, 즐거운 시간을 보낼 수 없을 거예요." 내가 가 보았던 최고의 파티는 성령 파티였다고 당신에게 말하고 싶다. 그리고 내가 가장 좋은 시간을 보냈던 때는 예수님과 친밀한 교제를 나누었을 때이다. 예수님 같은 분은 없다. 그 누구도 그분과 같을 수는 없다. 나는 예수님께 완전히 사로잡혀 있다. 그리고 그분은 당신과도 함께하고 싶어 하신다. 그것이 하나님께서 정말 원하시는 것이다.

> "그런즉 누구든지 그리스도 안에 있으면 새로운 피조물이라 이전 것은 지나갔으니 보라 새것이 되었도다 모든 것이 하나님께서 났나니 저가 그리스도로 말미암아 우리를 자기와 화목하게 하시고 또 우리에게 화목하게 하는 직책을 주셨으니 이는 하나님께서 그리스도 안에 계시사 세상을 자기와 화목하게 하시며 저희의 죄를 저희에게 돌리지 아니하시고"(고후 5:17~19).

놀랍지 않은가? 예수 그리스도를 영접하면, 우리는 새로운 창조물이 된다. 예수님은 이렇게 말씀하셨다. "너는 새로운 피조물이 될 뿐만 아니라 새로운 계명을 받아들일 수 있게 된다. 그것은 서로 사랑하는 것이다." 그러므로 우리가 첫 번째로 해야 할 일은 예수 그리스도 안에서 새로 태어나는 것을 경험하는 것이다. 일단 그것을 경험하면 우리의 생각과 마음은 열리게 된다. 우리는 그리스도와 함께 하나가 되어야 하며 형제자매처럼 함께 거해야 한다.

그리스도와 타인과의 하나 됨

시편 133편 1~3절은 말씀하신다.

> 형제가 연합하여 동거함이
> 어찌 그리 선하고 아름다운고
> 머리에 있는 보배로운 기름이
> 수염 곧 아론의 수염에 흘러서
> 그 옷깃까지 내림 같고
> 헐몬의 이슬이
> 시온의 산들에 내림 같도다
> 거기서 여호와께서 복을 명하셨나니
> 곧 영생이로다

1절은 너무도 가슴을 찌른다. 당신과 내가, 남자와 여자가, 소년과 소녀가 연합하여 동거함이 얼마나 선하고, 얼마나 아름답냐고 말씀하신다. 당신은 서로가 연합하여 동거할 때 어떤 일이 생기는지를 알고 있다. 우리는 능력이 있고 의미 있는 관계를 맺을 수가 있다.

나는 40년이 넘는 결혼생활을 하고 있다. 처음 15년 동안 나는 남편을 바꾸려고 노력했다. 남편을 나의 이미지로 바꾸고 싶었다. 남편과 6년 동안 연애할 때 그는 훌륭했다. 하지만 그와 결혼하고 일주일이 지나자 그에게서 내가 싫어하는 몇 가지들을 발견했다. 그에게 항상 그런 점이 있었는데 사랑이 눈을 멀게 한다. 그리고 '치약 사건' 이후 그가 별스럽게 생각되었다. 그래서 15년 동안 이 남자를 내가 원하는 모습으로 바꾸려고 노력했다. 남편은 계속해서 내게 이렇게 말했다. "당신이 보고 있는 내가 당신이 결혼한 사람이야. 당신은 나랑 결혼했어. 이게 내 모습이고 내가 사는 방식이라구."

하지만 나는 생각했다. 당신은 그렇게 생각해? 난 당신을 바꾸기 위해서 최선을 다할 거야. 그러나 나의 생각은 참으로 우둔한 것이었다. 이 남자를 바꿀 수 없다는 것을 깨닫기까지 15년이라는 세월이 걸렸다. 내가 그를 바꾸려고 했던 이유는 오히려 나 자신에 대해서 불만스러웠기 때문이었다. 어떤 문제들이 있을 때는 그런 식이다. 그런 문제들을 누군가 다른 사람에게 전가하려고 한다.

나는 대학에 다닐 때에 매우 어린 나이에 결혼했다. 아이를 곧 가질 계획은 아니었는데 결혼 7개월 후에 첫째 아이를 임신했다. 내 인생은 가야 할 방향으로 가지 못했고 이는 모두 다 남편의 잘못이었다! 두 사람이 만들었지만, 전부 남편의 잘못이었다.

그때 나는 학교에 다니고 있었는데, 아기가 생긴 채 새로운 사업을 시작한 남편과 집을 구하러 다녀야 했다. 그리고 이 아이가 겨우 7개월이 되었을 때 또 임신을 했다.(잠시 멈추고 이 말을 꼭 해야겠다. 절대로 그렇게 하지 마라!) 그랬다. 나는 대학을 졸업하기 위해 노력하면서 남편을 탓하고 있었다. "당신이 아니었다면, 당신이 이렇게 행동하지 않았더라면…"라고 생각하면서 말이다. 마침내 너무 낙담하여 온갖 종류의 상상을 하기 시작했다. 나는 기절할 것 같다는 생각이 들기 시작했다. 의사는 이렇게 말했다. "델마, 아닙니다. 당신은 쓰러지지 않아요. 당신이 인사불성이 되었다면 지금 상황이 어떻게 되어가고 있는지도 모를 거예요. 당신이 지금 생각하고 있는 것은 자신에 대한 연민일 뿐입니다. 처음부터 다시 잘 시작해야 해요."

내 자신과 주위의 사람들과 그들의 든든한 격려와 도움에 대해서 묵상을 통해 생각하기 시작했다. '내가 왜 이렇게 남편한테 화를 내고 있는 걸까? 사실 그이가 나한테 화나게 한 것은 아무것도 없어.' 그래서 성경을 공부하면서 나 자신에 대해서 생각해 보았다. 그리고 나는 "델마, 고린도전서 13장을 읽어 보았니?"라는 말이 이해가 되었다.

"세상에, 실제로 내 결혼식에서 읽었어요. 뭐가 특별한 거죠?"

"다시 가서 읽어 보렴."

그리고 다시 읽었다. 당신도 고린도전서 13장을 알고 있다. 13장은 사랑의 장으로 이렇게 시작된다. "내가 사람의 방언과 천사의 말을 할지라도 사랑이 없으면…" 당신이 이해하기 쉽도록 설명해 보겠다. 이 장은 우리를 서로 묶어주는 강한 끈이 있다고 말한다. 그것은 서로를 향한 긍휼과 관심, 보살핌으로 표현되는 진정한 사랑의 끈이다. 서로를 인격적으로 돌보는 사랑의 끈이다.

고린도전서 13장을 완벽히 읽었을 때 생각했다. '델마 웰즈, 너는 누구야? 네 남편과의 관계에 있어서 너는 누구란 말이야?' 그래서 고린도전서 7장으로 돌아가 바울이 말하는 결혼에 대해서 읽었다. "성령님, 저와 만나 주옵소서. 제가 남편과 하나가 되게 도와주옵소서. 지난날 당신께서 원하시는 그러한 아내가 되게 하여 주옵소서. 남편을 사랑하고 지지하는 아내, 남편이 하는 일에 대해서 격려하는 아내, 가정에서 아버지의 위치가 사라지지 않도록 남편을 돕는 아내가 되게 하여 주옵소서." 그렇게 기도하면서 나의 불안감 때문에 무너질 뻔했었던 남편과의 관계를 재건하려고 노력했다. 하나님은 우리의 결혼생활에 놀라운 일들을 행하셨다.

결혼생활 15년 이후 수많은 세월이 흘렀고, 그 세월은 우정과 하나 됨의 놀라운 시간이었다. 그리고 하나님께서 우리 가정에 하나 됨의 뿌리를 내리게 하셨다는 것을 발견했는데, 그것은 우리가 함께 기도하는 것이었다. 우리의 인생에는 분명히 많은 문제들이 있다. 재정적인 문제, 아이들의 반항, 사업의 실패, 건강의 문제들이 있다. 그러나 우리가 함께 기도할 수 없는 문제는 아무것도 없다. 우리의 삶에는 아주 많은 일들이 발생한다. 하지만 남편과의 연합으로 인해 우리는 이제 어떠한 상황에서도 견딜 수 있게 되었다. 항상 의견이 일치하는 것은 아니지만 서로의 견해 차이를 인정하고 다투지 않으며 기분 좋게 의견을 조절할 수 있다.

지난 20년 동안 남편과 나는 언쟁을 해 본 적이 없다. 언쟁을 할 수도 있었으나 우리 중 한 사람이 흥분했다는 것을 알면 타임아웃을 요구하기로 했다. 우리는 다른 방으로 들어갔다가 나중에 다시 나와서 서로 존중하며 한마음으로 이야기한다. 또한 서로 화가 난 상태로 절대로 잠자리에 들지 않기로 했다. 우리는 지난 20년 동안 서로에게 화가 난 체로 잠잤던 적이 한 번도 없었다. 정말 솔직히 말하자면, 비록 밤에 잠들지 못했던 적이 몇 번 있긴 했다. 하지만 한밤중에, 우리 중 한 사람은 이렇게 말할 것이다. "좋아요, 얘기합시다." 그러면 우리는 모든 것을 말할 수 있다.

남편과 아내 사이의 일체감, 우리 가족의 일체감은 그리스도의 몸까지 영향을 미친다. 내가 만일 가정에서 하나 됨을 이룬다면, 나의 교회, 공동체, 내 삶의 여가와 사업과 모든 것까지 영향을 미칠 수 있다. 나의 마음속에 넓게 퍼진 아가페 사랑으로 내가 아닌 다른 사람들을 사랑할 수 있다. 그렇다! 그것이 진정한 하나 됨이다.

성령이 하나 되게 하심

이제 다른 것을 이야기하려고 한다. 우리는 영혼의 하나 됨을 알아야만 한다. "몸이 하나이요 성령이 하나이니 이와 같이 너희가 부르심의 한 소망 안에서 부르심을 입었느니라. 주도 하나이요 믿음도 하나이요 세례도 하나이요 하나님도 하나이시니 곧 만유의 아버지시라 만유 위에 계시고 만유를 통일하시고 만유 가운데 계시도다"(엡 4:4, 5).

피부가 붉든 노랗든, 키가 작든 크든, 마르든 뚱뚱하든, 눈이 파란색이든 갈색이든, 머리카락이 많든 없든, 우리 모두에게 하나님이 계시다는 것이 얼마나 놀라운가! 그것이 지체의 하나 됨이다. 고린도전서 12장 7~11절은 이렇게 말하고 있다.

> 각 사람에게 성령의 나타남을 주심은 유익하게 하려 하심이라. 어떤

이에게는 성령으로 말미암아 지혜의 말씀을, 어떤 이에게는 같은 성령을 따라 지식의 말씀을, 다른 이에게는 같은 성령으로 믿음을, 어떤 이에게는 한 성령으로 병 고치는 은사를, 어떤 이에게는 능력 행함을 어떤 이에게는 예언함을, 어떤 이에게는 영들 분별함을, 다른 이에게는 각종 방언 말함을, 어떤 이에게는 방언들 통역함을 주시나니 이 모든 일은 같은 한 성령이 행하사 그 뜻대로 각 사람에게 나눠 주시느니라.

이 말씀은 각 사람에게는 풍부한 재능, 기술, 능력, 지식 그리고 특별한 은사가 있다고 말한다. 그러나 이것은 모두 한 분이신 성령께서 주신 것이며 우리가 이 모든 선물들을 받아서 함께 맞추어 간다. 이렇게 우리 모두를 덮을 수 있는 잘 짜여진 아름다운 벽걸이 융단같은 퀼트 제품을 만들면 바로 그것이 하나 됨이다.

"만일 한 지체가 고통을 받으면 모든 지체도 함께 고통을 받고 한 지체가 영광을 얻으면 모든 지체도 함께 즐거워하나니 너희는 그리스도의 몸이요 지체의 각 부분이라 하나님이 교회 중에 몇을 세우셨으니 첫째는 사도요 둘째는 선지자요 셋째는 교사요 그 다음은 능력이요 그 다음은 병 고치는 은사와 서로 돕는 것과 다스리는 것과 각종 방언을 하는 것이라"(고전 12:26~28). 우리가 그리스도 안에서, 연합하게 하시는 창조주 안에서, 모든 은사들과 능력들을 함께 조화시킬 때 우리는 매우 특별한 것을 얻게 될 것이다.

나는 가끔 노래를 부르지만 피아노는 치지 못했다. 그래서 나는 4년 반 동안 피아노 교습을 받았다! 그러나 피아노 위의 검은 건반과 흰 건반 사이에, 피아노 책의 검고 하얀 음표 사이에 하나 됨이 없었다. 나는 기술도 없고, 능력도 없고, 소질도 없다. 하지만 친구인 셜리 해리스 박사처럼 피아노를 치고 싶었다. 그녀는 바흐, 베토벤, 로큰롤, 복음성가, 그 외 무슨 곡이든 연주할 수 있다. 하지만 나는 한 곡도 연주할 수 없다. 그저 시끄러운 소음일 뿐이다. 처음 일 년 동안은 피아노가 나빠서 시끄러운 소리가 나온다고 생각했다. 그래서 보다 좋은 피아노를 새로 샀지만 효과가 없었다. 사실 아직도 피아노 연주를 못한다. 하지만 3년 동안 아무 발전도 없이 피아노 교습을 받으면서 셜리 해리스를 싫어했다. 그녀에게 그것을 말하기도 했다.

나는 "셜리, 난 네가 싫어."라고 말했다. "무슨 이유야?"라고 그녀가 말했다.

그리고 그녀에게 이렇게 말했다. "난 장담할 수 있어. 넌 피아노를 두드리지만 노래는 못해. 하지만 나는 노래를 부를 수 있어. 그런데 나는 왜 피아노를 못치는 거야?"

어느 날 오른손과 왼손 그리고 악보를 조화시키고 있었는데, 순간적으로 내 머리 속에 강력한 빛이 켜지면서 마침내 이런 생각이 떠올랐다. '델마, 네가 노래할 때 셜리에게 피아노를 연주해 달라고 부탁해 봐.' 얼마나 놀라운 생각인가! 셜리에게 연주해 달라고 부탁을 하기만 하면 되었는데, 셜리가 되기 위해서 내가 이 시간들을 낭비했던 것이다. 그래서 전화기로 가서 수화기를 들고는 셜리에게 전화를 했다.

"셜리, 안녕! 부탁이 하나 있어. 내가 노래를 해 달라는 초대를 받으면 반주해 줄 수 있니?"

그녀는 바로 대답했다. "물론이야, 연주할게. 난 네가 그렇게 해 달라고 부탁하기를 기다렸어."

그리고 어떤 일이 생겼을지 추측해 보라. 셜리는 피아노에 앞에 앉아서 가볍게 건반을 두드리고 나는 노래를 불렀고 우리는 역동적인 듀오가 되었다. 그것이 바로 하나 됨이며 조화이다. 셜리와 나의 재능은 조화를 이루었고 우리는 나가서 연주할 수 있었다. 그것이 바로 하나님께서 우리가 그리스도의 몸으로 행동하기를 원하시는 것이다. 하나님은 우리가 잘 할 수 없는 어떤 것에 에너지를 쓰기보다, 우리가 할 수 없는 것을 잘 할 수 있는 사람을 통해서, 우리의 재능을 하나로 결합하기를 원하신다. 하나님은 우리가 각 개인의 영혼을 바라보기를 원하신다. 또한 우리의 영혼, 재능, 은사들을 잘 조화시켜 훌륭하고 아름다운 특대형의 벽걸이 융단을 만들기를 원하신다. 마치 하나님께서 그분의 뜨개바늘로 우리를 엮으셨듯이 말이다.

하나님은 이렇게 말씀하신다. "나는 네가 사람, 계획, 자원 그리고 내가 준 모든 것을 모아서 엮어내기를 바란다. 그렇게 할 때 너는 네 가족과 조화를 이루고 살면서 내가 너를 부른 소명을 이룰 수 있을 것이다." 우리는 그렇게 할 수 있다. 그러나 그것은 생각의 전환이 필요하다.

당신은 최고가 될 수 있다

나는 어디를 가든 땅벌 모양의 장식 핀을 꽂는다. 나는 지난 20여 년 동안 그 핀을 꽂고 다녔다. 사람들은 항상 내게 물어본다. "델마, 왜 땅벌 핀만 꽂고 다니죠?" 공기역학적으로 말해서 땅벌은 날 수가 없다. 땅벌의 몸통은 너무 크고 날개폭은 너무 짧다. 날 수가 없는데 땅벌은 난다. 땅벌이 나는 것이 바로 하나님께서 의도하시는 것이다.

벌에 대한 이 정보를 알기 전에 하나님께 기도했다. 사람들이 나중에 내 이름과 얼굴을 잊더라도 내가 말한 것을 기억할 수 있는 어떤 것을 달라는 것이었다. 왜냐하면 어떤 것도 나에 관한 것이 아니기 때문이다. 즉, 모든 것은 하나님에 대한 것이다. 그런데 하루는 내가 접은 옷깃에 벌 모양의 핀을 꽂고 교회 건물로 들어갈 때에 한 여인이 내게 이렇게 말했다. "델마, 참 예쁜 벌이군요. 그리고 당신이 그 별을 꽂을 때마다 기억하세요. '당신은 당신이 되고 싶은 것 중에 최고가 될 수 있다.'라고요."

그녀의 말이 끝나자마자 작은 목소리고 말했다. "주님, 감사합니다. 제가 이용할 수 있는 완벽한 것이네요." 결국 나는 신조어를 만들어냈다. "당신은 최고가 될 수 있다(You can B-E-E the best)."

당신이 누구인지를 알라.

(**B**e aware of who you are.)

당신의 생각에서 부성적인 것을 제거하라.

(**E**liminate the negatives from your mind.)

당신과 다른 사람에게 최고의 것을 기대하라.

(**E**xpect the best from yourself and other people.)

그것이 성공이다.

(That equal success.)

부커 T. 워싱턴(Booker T. Washington)은 이렇게 말했다. "성공은 인생에서 달성한 위치로 평가되는 것이 아니며 성공을 위해 노력하는 과정에서 극복한 장애물로 평가된다."

언제든지 하나 됨이 있으면, 극복해야 할 장애물들이 있을 것이다. 우리는 사람들을 외모로 보는 것과 우리가 장애물로 여기는 것들을 극복해야 한다. 하나님은 우리에게 그것들을 극복할 수 있는 것을 모두 주셨다. 또한 우리가 사람들의 영혼을 바라볼 수 있도록 만드셨고 그분의 눈에 특별하다는 것을 깨닫도록 우리를 도와주실 것이다. 그러면 미소를 지으며 부드러운 손길로 기분 좋은 인사를 나누며 그들 그대로의 모습을 받아들일 수 있을 것이다. 그들을 도울 수 있는 더 좋은 사람이 될 수 있다.

 사랑과 성령 그리고 하나님의 도우심으로 한마음으로 살 수 있다. 우리는 어디를 가든지 자신과 가족 안에서 그리고 교회 안에서 하나 됨을 창조할 수 있다.

| 영 | 감 | 을 | 주 | 는 | 구 | 절 |

"너희가 다 믿음으로 말미암아 그리스도 예수 안에서 하나님의 아들이 되었으니…너희는 유대인이나 헬라인이나 종이나 자주자나 남자나 여자 없이 다 그리스도 예수 안에서 하나이니라(갈 3:26, 28).

"그러므로 그리스도 안에 무슨 권면이나 사랑에 무슨 위로나 성령의 무슨 교제나 긍휼이나 자비가 있거든 마음을 같이 하여 같은 사랑을 가지고 뜻을 합하며 한 마음을 품어…나의 기쁨을 충만케 하라"(빌 2:1, 2).

"마지막으로 말하노니 너희가 다 마음을 같이 하여 체휼하며 형제를 사랑하며 불쌍히 여기며 겸손하며"(벧전 3:8).

"이제 인내와 안위의 하나님이 너희로 그리스도 예수를 본받아 서로 뜻이 같게 하여 주사 한 마음과 한 입으로 하나님 곧 우리 주 예수 그리스도의 아버지께 영광을 돌리게 하려 하노라"(롬 15:5, 6).

7 하나님은 우리의 신뢰를 받으실 만한가?

| 베블리 라헤이 & 로리 라헤이 쉐크 | *Beverly LaHaye &*
Lori LaHaye Scheck

여호와는 선하시며 환난 날에 산성이시라
그는 자기에게 의뢰하는 자들을 아시느니라
—나훔 1장 7절

하나님은 당신의 삶에서 얼마나 위대하신가? 우리가 어떤 일을 해결하고 싶을 때, 때로는 하나님이 매우 작게 느껴지기도 한다. 우리는 어려움이나 곤경에 처할 때만 하나님께서 그것을 해결해 주기를 원한다. 어려운 시기에 하나님의 도움을 구하는 기도를 하면서 하나님께서 우리 곁에 계시기를 원한다. 하지만 일이 순조롭게 흘러가면 하나님의 인도하심과 지혜를 구하지 않는다.

하나님께서 우리의 삶에 소망하시는 것을 제한하면서 내 자신이 만든 상자에 하나님을 넣고 그분의 크기를 정한다. 하나님의 방법은 나의 방법과 항상 같지는 않다! 당신은 하나님께서 누군가를 치료해 주시기를 기도했을 때 하나님께서 응답하지 않으셔서 화가 난 적이 있는가? 당신은 하나님께서 환경을 바꿔 주시기를 기도했는데 원하는 대로 이루어지지 않아서 하나님께 버림을 받았다고 느껴본 적이 있는가?

(로리) 하나님께서 우리 가족을 앨라배마로 인도하셨을 때 딸 아이는 고등학교 2학년이었고 첫째 아들은 8학년에 재학 중이었다. 아이들은 아는 사람이 아무도 없는 새로운 곳에서 생활을 해야 하고, 집과 친구들을 떠나는 것에 대해서 기뻐하지 않았다. 하나님께서 내 아이들을 돌보아 주시고 새로운 환경에서 친구도 빨리 사귈

수 있도록 도와 달라고 기도했다.

나는 학교 스포츠 팀에서 운동을 하는 것이 아이들에게 도움이 될 것 같았다. 새 집에 도착하자마자 새로운 기독학교에서 아이들이 운동을 할 수 있도록 등록하려고 했다. 그러나 우리가 이사한 집이 학교와 같은 지역에 있지 않았다. 학교가 위치한 지역의 아이들만이 스포츠 팀에 등록할 수 있다는 앨라배마 주 법규 때문에 우리 아이들이 1년 내내 운동을 할 자격이 없다는 사실에 내가 얼마나 당황했는지 상상해 보라. 나는 앨라배마 주 운동협회에 편지와 전화로 압력을 가했다. 내 아이들의 사례를 탄원하기 위해서 개인적으로 협회위원회의 모임에 참석하려고 주정부까지 자동차를 타고 가기도 했다. 불행히도 그들은 우리의 어려운 상황에 호의적이지 않았고 특례를 만들지 않았다. 결국 절망했지만 기도했고 친구들과 가족에게 기도 부탁을 했다. 그때 하나님께서 듣고 계시지 않다고 생각했고 아이들이 처한 그 상황에 감사하지 않았다. 그리고 하나님께서 내 기도에 응답해 주시지 않아서 매우 실망하며 결국 하나님을 제한했고 하나님을 상자 속에 넣어 버렸다. 하나님께 나의 상황을 돌보아 달라고 기도했다. 그리고 하나님께서 어떻게 이 일을 처리해야 하는지를 물어보았다.

'하나님상자(God-box)'는 우리에 대한 관점을 극대화시키고 하나님에 대한 관점을 극소화시킬 때 만들어진다. 하나님상자는 하나님께서 그분의 뜻을 그분의 방식으로 그분의 때에 이루신다는 것을 우리가 확실히 믿지 않을 때 만들어진다. 온전히 믿는 것은 어려운 일이다. 우리는 내버려 두어야 한다! 이 말은 종종 쓰이고 있는 말이다. "내버려 두라. 그리고 하나님께 맡겨라." 이것이 바로 믿음이다. 대부분 우리들은 하나님을 확실히 믿고 있다고 말한다. 나는 모두가 하나님을 믿고 싶어 한다고 생각한다. 그러나 그것은 하나님상자가 만들어지기 시작할 때이다. 우리가 원하는 대로 결과가 나타날 때 우리는 하나님을 믿는다. 하나님을 온전하게 믿을 수 있는 능력은 우리가 하나님이 어떤 분이신지에 대한 관점에 달려 있다.

믿음은 대부분의 사람들에게서 자연스럽게 나오는 것이 아니다. 어떤 기질의 사람들에게는 전능하신 하나님을 절대적으로 신뢰하는 것이 다른 사람들 보다 훨씬 더 어려울 수 있다. 하나님은 우리가 각각의 기질을 가지고 있기 때문에 개인별로 다르게 다루신다.

(베블리) 나의 딸 로리(젊은 세대를 대표)와 나는 가혹한 훈련에 대해서 논의했는데, 그 훈련이란 우리가 그분을 더욱 신뢰하는 방법을 알게 하기 위하여 하나님께서 우리에게 주시는 것이다. 모든 일을 항상 자신의 관리 아래 두는 매우 유능한 담즙질의 여자는 스스로 모든 상황을 처리할 수 있고 하나님께 의지할 필요가 없다고

생각하기도 한다. 그녀가 매우 유능한 것은 사실이지만 인생에는 그녀조차도 이렇게 할 수 없는 상황과 시기가 있다. 그녀는 필사적으로 자신이 지배하려는 마음을 버려야 하며, 성령의 지배를 받는 삶을 경험해야 한다.

재미있고 사랑스러운 다혈질의 여자는 주로 자신의 문제와 갈등에 대해서 생각할 시간조차 갖지 않는다. 왜냐하면 그녀는 부정적인 것들을 감추려는 경향이 있기 때문이다. 그녀는 삶의 현실에 직면할 필요가 있으며 모든 것 위에 하나님을 향한 신뢰를 두는 것을 배워야 한다.

때로 매우 깊이 생각하는 내성적인 우울질의 여자는 부정적인 생각을 떨쳐 버려야 하며 하나님을 의지하면서 좀더 긍정적인 태도를 가지고 살아가는 것을 배워야 한다.

마지막으로, 점액질 여자는 대개 두려움과 근심의 영으로부터 벗어나지 못한다. 하나님께서 그녀를 얽매임으로부터 자유롭게 하시고, 자신에게 능력과 사랑과 근신하는 마음을 주고 싶어 하시는 것을 이해하지 못한다.

토기장이이신 하나님은 우리의 단순한 육체인 진흙덩이를 어떻게 빚으시는지 알고 계시며 그분이 원하시는 대로 만드신다. 우리는 하나님을 의지하면서 그분의 뜻대로 빚어지도록 해야 한다.

"이 사람아, 네가 뉘기에 감히 하나님을 힐문하느뇨 지음을 받은 물건이 지은 자에게 어찌 나를 이같이 만들었느냐 말하겠느뇨 토기장이가 진흙 한 덩이로 하나는 귀히 쓸 그릇을, 하나는 천히 쓸 그릇을 만드는 권이 없느냐"(롬 9:20, 21).

"그러나 여호와여 주는 우리 아버지시니이다 우리는 진흙이요 주는 토기장이시니 우리는 다 주의 손으로 지으신 것이라"(사 64:8).

우리가 알고 있는 오래된 찬송가 중 한 곡의 가사는 다음과 같다. "주님의 뜻을 이루소서. 고요한 중에 기다리니 진흙과 같은 날 빚으사 주님의 형상 만드소서."

이것이 바로 하나님께 복종하여 그분께서 우리를 만드실 수 있도록 하는 비밀이다. 우리를 창조하신 하나님은 그분의 뜻대로 우리를 만드시며 그분의 영광을 위하여 큰 일을 할 수 있도록 하신다. 그러므로 하나님을 온전히 의지해야 하며 하나님께서 우리를 변화시키시도록 해야 한다.

하나님만을 의지하는 것이 우리의 책임과 상식을 면제받는 것은 아니라는 것을 잊지 말아야 한다. 이런 말이 있다. "확실하게 기도하라. 그렇지만 계속 노를 저어라." 우리는 CWA(Concerned Women for America)와 관련하여 국가와 선출직 관리들을 위해 강력하게 기도할 것을 주장하고 있다. 우리는 구성원들이 투표나 다양한 법적인 임용에 관련한 법률에 대해서 구체적으로 기도하도록 격려한다. CWA는 기도의 원칙에 기초하여 창립되었다. 우리는 또한 구성원들이 행동하도록 한다. 우리는 국회의원들에게 편지 쓰는 방법을 가르친다. 또한 자신들의 상원의원들에게 전화하는 것과 구체적인 사안에 대해 청원서에 서명하는 기회들을 제공한다. 기도와 행동을 함께하는 것은 필수적이다. 그러나 결국 최종 결과는 하나님께 달려 있다. 우리가 할 수 있는 모든 것을 한 다음, 나머지는 하나님께서 이루어 주시기를 믿는 것이다.

신뢰하는 능력은 우리가 신뢰하는 사람에게 높은 수준의 확신을 필요로 한다고 해도 과언이 아니다. 우리는 어렸을 때 비밀을 서로 나눌 수 있는 사람들과 급속히 친해진다. 중고등학교 때는 어떤 것에 대해 전교에 알리고 싶을 때 소문을 잘 퍼뜨리는 사람에게만 말하면 된다는 것을 알게 된다. 그러나 어떤 것을 나누고 싶고 그것을 비밀로 간직하고 싶다면 신뢰할 수 있는 사람에게 말할 것이다. 우리 중 많은 사람들은 누가 어떤 사람인지 알게 되기까지 잊을 수 없는 고통스런 경험들을 가지고 있다. 우리는 신뢰할 수 있는 누군가를 찾는다. 그것은 인생의 모든 영역에서 사실이다. 우리는 가장 유능한 의사를 찾고 가장 믿음직스러운 은행원을 찾으며 가장 신뢰할 만한 목사를 찾는다. 그 다음 따라야 할 질문은 바로 이것이다. 당신은 하나님을 얼마나 높은 수준으로 확신하는가?

우리는 삶의 다른 분야에서는 선택을 할 수 있다. 우리는 담당 의사가 병을 치료하는 방식이 마음에 들지 않으면 다른 의사를 찾는다. 만약 거래하는 은행이 계좌를 처리하는 방식에 신뢰가 느껴지지 않으면 다른 은행으로 옮긴다. 목사님의 사역하는 방식이 마음에 들지 않거나, 또는 슬프게도 목사님이 성도들의 신뢰를 받지 못하게 되었을 때 얼마나 많은 사람들이 다른 교회로 바꾸는가!

중요한 것은 이러한 다른 영역에서 우리에게는 선택권이 있다는 점이다. 그런데 하나님과 관련된 문제라면 우리는 그렇게 하지 않는다. 당신은 절대로 하나님을 해고하지 않는다. 하지만 하나님께 의지하는 것에는 훨씬 더 큰 대가가 있다. 당신은 하나님의 손에 단지 건강과 재정을 맡긴 것이 아니다. 당신의 미래를 완전히 그분께 두고 있는 것이다. 바로 여기에서 정말 어려운 질문 하나를 물어봐야 한다. 그 질문에 당신이 솔직하게 대답하기는 어려울 것이다. 하나님은 우리의 신뢰를 받으실 만한가? 이 질문에 대한 답은 많이 있다.

지적인 답 – 당연하다!

당신은 성경을 읽기만 하면 된다. 그러면 당신은 하나님께서 그분의 백성에게 증거하셨던 신실하심을 시간이 지날수록 깨닫게 될 것이다. 구약의 잘 알려진 이야기를 보자. 거기에는 다윗과 골리앗, 모세와 홍해, 다니엘과 사자굴, 세 사람과 풀무불 이야기가 있다. 하나님께서 그들에게 어떻게 손을 대셨는지, 그들을 어떻게 치료하셨는지, 그들을 어떻게 가르치고 용서하셨는지, 그분의 삶을 살펴보라. 이 모든 이야기들은 신실하시며 우리가 신뢰할 수 있는 하나님에 관해 말하고 있다.

하나님의 신실하심에 대한 성경적 비유 이외에도 성경에는 하나님을 의지하라는 권고들이 많이 있다.

"너희 염려를 다 주께 맡겨 버리라 이는 저가 너희를 권고하심이니라"(벧전 5:7).

"여호와는 선하시며 환난 날에 산성이시라 그는 자기에게 의뢰하는 자들을 아시느니라"(나 1:7).

"우리 열조가 주께 의뢰하였고 의뢰하였으므로 저희를 건지셨나이다. 저희가 주께 부르짖어 구원을 얻고 주께 의뢰하여 수치를 당치 아니하였나이다"(시 22:4, 5).

"너희는 여호와를 영원히 의뢰하라 주 여호와는 영원한 반석이심이로다"(사 26:4).

우리는 다른 이유가 없다면 하나님을 신뢰하는 결단을 내려야 한다. 왜냐하면 하나님께서 우리에게 그렇게 말씀하기 때문이다. 문제는 감정적인 스트레스가 많을 때에 마땅히 해야 할 일을 하는 것이 매우 어렵다는 것이다. 하지만 사실 우리 대부분이 항상 이 '지적인' 단계에서 활동하는 것은 아니다.

'하나님은 우리의 신뢰를 받을 만하신가?' 라는 질문에 대한 또 다른 답이 있다.

감정적인 답 – 반드시 신뢰해야 한다!

(로리) 우리가 아이들을 앨라배마로 데려왔을 때 첫째와 둘째 아이들에게는 매우 어려운 시간이었다. 첫째 아들 네이슨은 8학년이었는데 이사를 가기로 한 결정에 상당히 불만스러워했다. 네이슨은 열네 살이었는데 그 나이는 전형적으로 아무리 좋은 환경이라도 그리 착하게 행동하는 나이는 아니다. 네이슨은 모든 친구들과 헤어지고 아무도 없는 곳에서 자신이 전혀 원하지 않는 일을 시작해야 하는 것에 감정적인 충격을 받았다. 가장 큰 충격은(게다가 스

포츠 문제까지) 네이슨이 매우 좋아하는 한 여자 아이와 헤어진 것이다. 전체적으로 네이슨에게 좋지 않은 해였다. 네이슨은 매우 깊은 상처를 받았고 분노로 가득 차기 시작했다. 네이슨은 매사에 아주 열의가 넘치고 삶에 대단한 열정을 나타냈던 아이였다. 그 아이는 도깨비처럼 모든 것을 경쟁적으로 만들었고 최고가 되려고 했었다! 우리가 이사 온 후, 활기차고 열정적인 나의 아들이 냉담해지고 부루퉁해지는 것을 지켜봤다. 네이슨의 성적은 떨어졌고 점점 고립되었으며 매우 감정적이 되어 갔다. 나의 마음은 무너졌다.

나는 내 아들을 완전히 잃어버린다고 생각했고 하나님께 부르짖었다. 왜냐하면 내가 바로잡을 수 있는 것은 아무것도 없었기 때문이다. 모든 상황은 내 손을 벗어났고 네이슨을 전적으로 하나님의 손에 맡기든지, 아니면 걱정하면서 정신을 잃든지 해야 했다. 내가 이 아이를 사랑하는 것보다 하나님께서 훨씬 더 사랑하시며, 하나님은 내 아들을 보호하시기에 충분히 크시다는 것을 계속해서 생각하려고 했다. 그리고 하나님께서는 정말 네이슨을 보호해 주셨다! 네이슨은 다시 열의가 생기기 시작했고 우등생 그룹(National Honor Society)의 일원이 되었고 학년 회장이 되었다. 네이슨은 좋은 친구들을 많이 사귀었고 예수님과 이전보다 훨씬 더 인격적이고 진정한 관계를 맺게 되었다.

때때로 인생이 너무 버거워서 우리가 감당할 수 없을 때가 있다.

바로 이때가 하나님을 향해 부르짖어야 할 시기이다. 우리는 하나님을 신뢰해야 한다. 왜냐하면 그것이야말로 우리가 할 수 있는 유일한 방법이기 때문이다. 만약 당신의 자녀가 아프거나, 혹은 사랑하는 사람이 죽음을 맞이하고 있다면, 혹은 당신이 관심을 가지고 있는 사람이 하나님으로부터 멀어지고 있다면 말이다. 상황을 바꾸기 위해서 당신이 할 수 있는 일은 아무것도 없으며 매일 아침 일어나서 할 수 있는 유일한 일은 하나님이 계시며 돌보신다는 것을 아는 것이다. 많은 여자들(그리고 많은 남자들)이 본능적으로 걱정하고 초조해 하는 경향이 있다고 생각한다. 네이슨과 그 힘든 시기를 겪으면서 날마다 내 자신에게 네이슨은 하나님의 손에 있다는 것을 상기했다. 하나님께서는 네이슨을 돌보셨다. 하나님께서는 그렇게 하셔야만 했다. 왜냐하면 내가 절대로 할 수 없다는 것을 알았기 때문이다.

전형적인 답 – 아직은 신뢰하지 않는다!

(베블리) 사실 우리는 스스로 문제를 풀려고 할 때까지는 하나님을 의지하고 싶지 않을 때가 있다. 또한 하나님의 문제 해결 방법을 좋아하지 않을 수도 있다. 이것이 항상 의식하고 내린 결정이라고 생각하지는 않는다. 우리 대부분은 상황에 대처하는 것이지 하나

님을 고의로 무시하는 것은 아니다. 하지만 우리는 하나님을 포함시키는 것을 잊는다. 때때로 하나님께서 우리의 일상에 얼마나 관여하고 싶어 하시는지 잊고 지낸다. 우리는 날마다 나아가고 활동한다. 예를 들면, 가족을 돌보고 일을 하러 가며 결정을 내리고 교회에서 사역을 한다. 어떤 큰 문제가 생길 때까지 우리는 하나님을 조금도 생각하지 않는다. 흔히 우리는 첫 번째로 반응하고 두 번째에 생각하며 세 번째에 행동하다가 최후의 수단으로 기도를 선택하는 경향이 있다.

물론 우리가 하나님께서 우리의 신뢰를 받으실 만하다는 것에 모두 동의할 것이다. 만약 누군가 다가와서 "당신은 하나님을 신뢰하십니까?"라고 물어본다면 우리 대부분은 그렇다고 말할 것이다. 그렇다면 우리의 삶을 돌아보고 일상의 삶에서 하나님을 정말 신뢰하지 않는 것을 깨달았다는 것은 무엇을 말해 주는가? 우리의 삶을 하나님께로 향하게 하는 어떤 재앙이 일어났다는 것은 무슨 뜻인가? 이것이 바로 우리가 뒤로 물러서서 하나님을 바라보는 우리의 관점을 평가할 중요한 질문이다.

확실히 하나님께서 위대하시다는 것은 보편적인 이치이다. 하나님을 조금이라도 믿는 사람은 누구든지 하나님께서 만유에 전능하신 존재임을 안다. 성경을 믿는 우리는 하나님께서 모든 만물을 창조하신 분이라는 것을 알고 있다. 하나님께서 우주와 계절의 기적,

생명의 탄생과 죽음의 기적을 만드셨다. 성경은 하나님의 위대하심을 보여 주는 예들로 가득하다. 즉, 홍해를 가르신 것, 시간을 멈추게 하신 것, 하나님의 백성을 원수들에게서 계속 지켜주신 것 등이 있다. 하나님께서는 그분의 백성을 위하여 사막에서 만나를 공급하셨고, 기드온의 소규모 군대로 미디안 사람들을 패배시킬 수 있게 도우셨으며, 이집트에 전염병을 보내셨다. 하나님께서는 위대하신 방법으로 큰 일을 하신다. 우리는 하나님께서 우리 삶에 크게 역사하고 계심과 구원하심을 믿는다. 또한 하나님께서 나의 삶을 뒷받침하고 계신다고 믿는다.

불행하게도 이것을 너무 초월하게 되면 우리의 신뢰 수준은 문제가 생긴다. 하나님께서 우리의 필요를 공급해 주시고 자녀를 돌보아 주시며 배우자도 주시는 등 하나님께서 우리의 삶에 개입하신다고 믿게 되면 그때가 바로 신뢰 수준에 문제가 생길 때이다. 어떻게 해서든지 일상 세계에 있는 것들에 대해서 스스로 걱정하고 계획을 세우려 하며, 조금 더 큰 문제는 하나님께 맡기려고 한다. 그것은 하나님께서 너무 위대하셔서 나의 사소한 문제들에 대해서 관심을 갖지 않으신다고 생각하는 것과 같다. 하나님께 오히려 국가의 문제를 맡기려고 한다. 하지만 자녀를 캠프에 보내야 하는지 말아야 하는지, 또는 돈이 어디에서 생겨야 할지에 대해서는 하나님을 귀찮게 하지 않는다. 하나님께서는 남편의 일자리에 관심을 갖고 계실까? 우리는 결혼생활의 어려움들을 해결해 주실 하나님을 믿고 있는가?

하나님께서는 거룩하시다. 그것을 모두 알고 있다. 우리는 의지할 수 있다. 하나님께서 거룩하시고, 정의로우시고, 공의로우시다는 것을 알며, 하나님께서 우리가 거룩하고, 정의롭고, 공의롭게 그분을 닮기를 바라시는 것도 안다.

또한 하나님께서 이따금 우리를 다듬으시려고 삶에 어떤 일을 허락하시기도 하고 나의 성격을 시험하신다는 것도 알고 있다. 하나님께서 우리를 가르치시거나 시험하기 위해서 우리의 삶에 문제를 가져오는 것을 두려워하기 때문에 하나님을 신뢰하는 것에 대해 약간은 조심스러울 때도 있다. 욥의 인생을 살펴보면 된다. 그 누구도 욥의 입장이 되고 싶어 하지 않을 것이라고 해도 과언이 아니다. 대부분 우리가 하나님의 손에 무엇인가를 맡겼을 때 하나님께서 나에게 교훈을 주시기 위해서 그것을 빼앗으실까 봐 두려워한다. 어쩌면 우리가 충분히 거룩하지 못하고 정의롭지 못했기 때문에 하나님께서 벌하시려고 우리의 삶에 어떤 어려운 일을 일으키실까 봐 두려워할 수도 있다.

하나님에 대한 진실은 하나님께서는 위대하시고 주권자이시며 거룩하시다는 것이다. 이러한 것들은 우리를 하나님으로부터 쫓아내는 것이 아니라 그분께 달려가게 만든다. 하나님에 대한 다른 측

면이 하나 있는데, 그것은 우리가 하나님을 신뢰하는 문제에 있어서 자주 간과하는 것이다. 하나님께서는 우리를 너무도 사랑하신다. 성경에는 하나님의 사랑과 은혜의 표현으로 가득 차 있다. 뿐만 아니라, 하나님께서는 우리의 삶에 좋은 것을 주시기를 원하신다. 자신의 작은 추종자를 고문하면서 기쁨을 느끼는 잔인한 주인이 아니다. 성경의 말씀을 살펴보자.

"나 여호와가 말하노라 너희를 향한 나의 생각은 내가 아나니 재앙이 아니라 곧 평안이요 너희 장래에 소망을 주려하는 생각이라"(렘 29:11).

"우리가 알거니와 하나님을 사랑하는 자 곧 그 뜻대로 부르심을 입은 자들에게는 모든 것이 합력하여 선을 이루느니라"(롬 8:28).

"또 너희가 어찌 의복을 위하여 염려하느냐 들의 백합화가 어떻게 자라는가 생각하여 보라 수고도 아니하고 길쌈도 아니하느니라 그러나 내가 너희에게 말하노니 솔로몬의 모든 영광으로도 입은 것이 이 꽃 하나만 같지 못하였느니라 오늘 있다가 내일 아궁이에 던지우는 들풀도 하나님이 이렇게 입히시거든 하물며 너희일까 보냐 믿음이 적은 자들아"(마 6:28~30).

하나님은 우리를 사랑하시며 풍성한 삶을 살기를 원하신다. 그렇다! 때때로 우리의 삶 가운데에 어려운 환경들을 허락하시지만 하나님이 어떤 분이시며 우리에게 얼마나 관심을 가지시는 분인지에 대하여 본질적인 것을 바꾸는 것은 아니다. 우리가 겪는 어려움 중 어떤 것은 스스로가 만드는 것인데 어리석게도 여전히 하나님의 탓으로 돌린다.

하나님은 우리에게 좋은 것들을 약속하셨다. 우리를 버리지 아니하시고 우리를 떠나지 아니하시겠다고 약속하셨다. 참새 한 마리도 하나님께서 허락지 아니하시면 떨어지지 아니하며, 우리의 머리카락까지 다 세고 계신다. 그것은 하나님께서 우리에게 상처를 주는 것이나 두려워하는 것에 대해서 정말 알고 계시다는 것을 의미한다. 당신은 어떤지 모르지만 나는 근심과 걱정에 대해서 상당한 전문가라고 할 수 있다. 하지만 하나님은 "아무것도 염려하지 말고 대신 우리의 염려를 하나님의 발밑에 내려놓으라"(빌 4:6)고 말씀하신다. 하나님은 우리가 두려워하는 것을 원하지 않으신다. 또한 "하나님이 우리에게 주신 것은 두려워하는 마음이 아니요 오직 능력과 사랑과 근신하는 마음이니"(딤후 1:7)라고 말씀하신다.

하나님을 신뢰한다는 것은 모든 일이 우리가 원하는 방식으로 이루어지며 영원히 행복하게 살게 된다는 것을 의미하는가? 그렇지 않다. 그것이야말로 하나님상자이다. 당신에게 질문을 하나 하겠다. 당신이 계획을 세우거나 혹은 어떤 것에 대해 걱정을 할 때 당신이 바라던 대로 결과가 나타나서 행복하게 잘 살게 되었는가? 그 대답은 "아니오"일 것이다.

이것이 바로 전체적인 핵심이 될 수 있다. 우리의 삶을 하나님께 맡기든, 맡기지 않든 당신이 환경을 조정할 수 없다는 사실은 바뀌지 않는다. 삶을 조정할 수 있는 사람은 아무도 없다. 내일 어떤 일이 생길지 아무도 장담할 수 없다. 그러면 왜 그렇게 많은 시간을 우리가 조정할 수 없는 일에 대해서 걱정하는 데 시간을 보내는가? 하나님을 믿는 진정한 기쁨은 당신이 하나님을 믿을 때 그분께서 공급하시는 평안이다. 그의 방식으로 하나님의 때에 일을 하기 위해서 하나님을 믿는 것이 우리가 영원하고 진정한 평안을 얻을 수 있는 유일한 방법이다. 그리고 그 결과가 바로 하나님께서 당신을 향한 생각일 것이라고 확신한다.

> "여호와의 말씀에 내 생각은 너희 생각과 다르며 내 길은 너희 길과 달라서 하늘이 땅보다 높음 같이 내 길은 너희 길보다 높으며 내 생각은 너희 생각보다 높으니라"(사 55:8, 9).

하나님께서 당신을 향해 갖고 계신 정확한 시간표 속에서 응답은 이루어질 것이다. 우리는 너무도 자주 하나님께서 일하시는 것에 대해 조급해한다. 그러나 하나님께서는 그분의 시간표가 있으시다. 그것은 여전히 믿음의 일부이다.

(로리) 나의 어머니는 하나님께서 잠잠하라고 말씀하고 계시는 것과 그분이 하나님이시라는 것을 내게 자주 상기시켜야만 했다. 하나님을 기다리는 것은 어렵다. 때때로 하나님께서 아무것도 하지 않으시는 것 같은 생각이 든다. 그것도 하나님상자의 다른 한 부분이다. 사실은 하나님께서는 우리가 하나님을 기다리기를 원하신다. 그리고 우리가 기다리고 있을 때 하나님께서는 일하고 계신다.

그러므로 하나님을 믿는 우리의 능력은 그분이 어떤 분이신가에 대한 우리의 관점에 달려 있다. 그렇다면 우리는 하나님에 대한 관점을 어떻게 발전시킬 수 있을까? 무엇보다도 당신 스스로를 정확히 보는 것이 중요하다. 그것은 단순한 솔직함을 필요로 하기 때문에 어려운 부분이다. 우리는 흠이 있는 창조물이며 죄성이 있다. 우리는 흠이 있을 뿐만 아니라 부족한 존재이다. 우리는 내일 무슨 일이 생길지 모른다. 또한 인생이나 혹은 다른 사람의 '커다란 그림'을 알지 못한다. 성경은 걱정하거나 무엇이든 노력한다 해도 우리의 삶을 하루도 연장할 수 없으며, 키를 1인치도 더 크게 할 수 없다고 말씀하신다. 당신이 걱정하고 있거나 불평하는 것들을 생각해 보라. 당신은 그러한 것들을 어떠한 결과로 만들어 낼 수 있는가? 이것은 어려운 개념이다. 왜냐하면 대부분은 우리가 삶을 지배한다고 생각하기 쉽기 때문이다. 문제는 우리가 실제로 그러한 지배력이 없다는 것이다. 우리가 갖고 있는 것은 인생의 환경들에 어떻게 반응하느냐를 선택하는 능력이다. 그것은 걱정, 초조, 분노 그리고 좌절을 선택하느냐 아니면 하나님을 믿는 믿음에서만 올 수 있는 평안, 기쁨 그리고 확신을 선택하느냐이다.

당신 자신을 잘 아는 것도 중요하지만 하나님을 잘 아는 것이야말로 필수적이다. 나는 시편을 읽는 것을 참 좋아한다. 다윗이 하나님께 어떻게 말했는지를 보는 것이 너무 좋다. 다윗이야말로 하나님이 어떤 분이신지 분명히 알고 있으며 하나님의 위대하심뿐 아니라 선하심을 둘 다 알고 있는 사람이다. 하나님께서 다윗을 '마음에 합한 자'라고 하시는 데 의심의 여지가 없다.

하나님의 말씀을 읽는 것이 바로 시작이다. 당신이 읽은 것을 믿고 그 말씀이 개인적으로 당신과 관계 있다는 것을 믿는 것 또한 중요하다. 성경은 종종 '하나님께서 우리에게 보내신 사랑의 편지'라고 한다. 그것은 사실이다. 하나님께서 성경을 쓰셔서 우리는 하나님을 더 많이 알 수 있고 그분이 우리를 얼마나 사랑하시는지를 알게 된다.

하나님께 자주 말하는 것 역시 중요하다. 당신이 한 번도 말해 보지 못한 사람을 신뢰하기는 어렵다. 당신이 하나님을 알아 갈수록 더욱 사랑하게 될 것이며 그분께 당신의 온전한 신뢰를 두고 싶어 할 것이다. 우리를 버리지 아니하고 떠나지 아니하리라 약속하신 하나님은 사랑의 팔을 내미시며 우리가 그분께 나아와 온전히 하나님을 신뢰하도록 초대하신다. 절대로 후회하지 않을 것이다!

| 영 | 감 | 을 | 주 | 는 | 구 | 절 |

"또 너희가 어찌 의복을 위하여 염려하느냐 들의 백합화가 어떻게 자라는가 생각하여 보라 수고도 아니하고 길쌈도 아니하느니라 그러나 내가 너희에게 말하노니 솔로몬의 모든 영광으로도 입은 것이 이 꽃 하나만 같지 못하였느니라 오늘 있다가 내일 아궁이에 던지우는 들풀도 하나님이 이렇게 입히시거든 하물며 너희일까 보냐 믿음이 적은 자들아"(마 6:28~30).

"여호와의 말씀에 내 생각은 너희 생각과 다르며 내 길은 너희 길과 달라서 하늘이 땅보다 높음 같이 내 길은 너희 길보다 높으며 내 생각은 너희 생각보다 높으니라"(사 55:8, 9).

"여호와는 선하시며 환난 날에 산성이시라 그는 자기에게 의뢰하는 자들을 아시느니라"(나 1:7).

"악인에게는 많은 슬픔이 있으나 여호와를 신뢰하는 자에게는 인자하심이 두르리로다 너희 의인들아 여호와를 기뻐하며 즐거워할지어다 마음이 정직한 너희들아 다 즐거이 외칠지어다"(시 32:10, 11).

"지존자의 은밀한 곳에 거하는 자는 전능하신 자의 그늘 아래 거하리로다 내가 여호와를 가리켜 말하기를 저는 나의 피난처요 나의 요새요 나의 의뢰하는 하나님이라 하리니"(시 91:1, 2).